怪談社書記録
闇語り

伊計　翼

竹書房
怪談
文庫

その住職はこんなことも仰っていた。

「規制や規律を守って己を縛りつけ、自分をみつめることが修行です。持続をせずとも何度かそれを行うだけで、なにかを身につける者もいます。俗にいう霊感と申しますか、鋭い感覚と申しますか――ようするに、視えざるものを視ること。聴こえないものを聴くことは、そこまで難しいことではないのですよ」

このご時世の「自粛」はあるところ「修業」につながるのかもしれない。

最近、妙な体験をしたという人からの連絡が異常に増えている。

目次

お前を許さない

Mさんの父親が亡くなったという連絡があった。

もともと仲は良くなかったので、まったく悲しくはなかった。

何年も逢っていなかったのは大喧嘩が原因だ。

父親は「許さん！　顔もみたくない！　でていけ！」と怒鳴っていた。

連絡をくれたのは父親が暮らしていたアパートの大家だった。

子どものころ亡くなった母親と三人で住んでいた家を売り払って、ひとり暮らしをしていたのも初めて知った。遺体は遠い親戚が既に引きとったらしく、残っている部屋の荷物を片付けて欲しいということだった。


アパートに到着すると部屋の前で大家が待っていた。

大家とふたりでなかに入る。

冷蔵庫や食器類、テーブルや座椅子やタンスなどといった最低限のものしかなさそうだった。父親の持ち物に興味がなかったMさんは業者に頼むことにして、手を付けずに帰ろうとした。すると——。

「実は……昨日ね、お父さんが、私のところにきたんですよ」

Mさんは思わず「なに?」と聞きかえしてしまった。

「あれは、なんというか……寂しそうな顔をして立っていました」

訝《いぶか》しがるMさんに大家はこんな話をした。

前日の深夜、大家が眠っていると金縛りにあった。

眼だけはなんとか動くのでまわりをみると、窓のそばに父親が立っている。

父親は大家をみつめながら、唇をハッキリと動かして、

「あいつに　タンスを　みせて　やって　くれ」

それだけを伝えると、うすくなって消えてしまった。

「なにかあるかもしれない。業者を呼ぶ前に確かめたらどうでしょうか」

Mさんはそんなバカなと思いながらも、きびすをかえしてタンスをみた。

改めてよくみると――そのタンスは母親の部屋にあったものである。

母親に対しても冷たかった父親のこころには、実は愛情が隠れていたとでもいうのだろうか。まさか――そんなことを思いながらMさんはタンスを開けた。

いちばんうえの引出しにMさんの写真が入った写真立てがあった。写真立ての裏には黒いマジックで「お前を許さない」とだけ書かれていた。

無視できない

Hさんがバイトをしていたカラオケボックスは京都にあった。
市外にあったせいか、週末でも滅多《めった》に満室にならないヒマな店だった。レジの下には、
お客にみえないように貼られた、注意書きのような紙があった。

「いらっしゃいませ」「ありがとうございました」は愛想よくすること。
お釣りはしっかり数えるところをお見せして、間違いないようにすること。
部屋は明るくしてから、きっちりと掃除すること。
四つんばいの赤ん坊をみても（特にお客さまがいるとき）無視すること。

新しいバイトがすぐに辞めてしまう店だったという。

ないものはない

なんとなく気がむいて、彼氏と一緒に屋上にあがってみた。

住んでいるマンションではないし、特に意味があるワケでもない。お酒が入っていたので、ただのノリである。幸い屋上の扉に鍵はなく、すんなりと上がれた。八階建て程度の屋上なので、絶景といえるほどでもなかったが楽しかった。柵がないタイプの屋上だったので、間違って落ちたりしないように気をつけていた。

ふたりで中途半端な景色を眺めながら話していると。

「ないものはないんだよ」

突然、声が聞こえたので、ふたり同時にうしろを振りかえった。

誰もいない。きっと下のフロアの住人の声が聞こえたのだと彼氏がいう。彼女が屋上から下を覗くと壁にしがみつき、登ってきている血まみれの男――。

視えない

Hさんが友人と歩いていると、焦げ臭いニオイが漂ってきた。

原因はすぐにわかった。火事になったらしい、焼けたアパートが現れたのだ。

「うわあ……これは全焼だね」

「うん。もしかして誰か亡くなったのかな」

「死んでるかも。こういうとき霊感とかあったら、なにか視えちゃうんだろうね」

「うん。ウチら、視えなくてラッキーって感じだね」

そんなことを話したあと、また歩きだす。

電車に乗り、買い物をして、カフェに入って、メニューをみていた。

友人が「あのさ」とキョロキョロまわりをみながら、こんなことをいう。

「ずっと焦げ臭くない？　ニオイ、服についちゃったのかな」

「わたしも思ってたの。サイアク。あんなトコ通るんじゃなかったね」

「あとで消臭剤かけなきゃ。ホントにサイアク」

友人がため息をついた瞬間、テーブルの下でなにかが動いた。

ふたり同時に視線を落とす——焼けただれた男が正座して、こちらをみている。

お金も払わず店を飛びでたあと、ニオイは消えていた。

聴こえない

昼休み、社員食堂で同僚のDさんと一緒にランチを食べていた。

無駄話をしていると彼のスマホが鳴る。

「番号がでてない、誰からだろ？」

不審に思いながらも、Dさんは画面を押して応答した。

何度か「もしもし」と繰りかえしたあと、眉間《みけん》にシワをよせて笑い、

「ちょっとコレ、聴いて。なんか歌ってるよ」

スマホをこちらに渡してきた。

「え？　歌ってる？　どういうこと？」

新手の商売かと思いながら、耳を当ててみた。

「なんも聴こえないよ。もう、切れたんじゃないの」

「どれどれ……いや、聴こえるよ。ほら歌ってるじゃん」

再びスマホを渡されるが、やはりなにも聴こえなかった。

そのうちDさんは面白がって、スマホのスピーカーボタンを押した。

「ほら、この歌。なんだっけ、子どものころ聴いたことあるんだけどなあ」

一緒にリズムに乗っているようだが、やはりなにも聴こえない。

ただDさんが発するハミングでなんの歌かわかった。タイトルをいうと、

「ああ、そうそう、その歌。なんだろ、この人。なんで歌ってるんだ?」

そのうち飽きたらしく、Dさんは電話を切った。

「仕事にもどろうか。今日は遠くまで飲み会いくから、はやく終わりてえなあ」

その夜の帰り、Dさんは泥酔して線路に落ちて亡くなった。彼が亡くなった駅の発車メロディは、彼が聴こえるといっていた歌と同じだった。

目玉がない

Yさんはゆったりと「ひとりキャンプ」をするのが好きだった。
ある夜、河原で焚火を楽しんでいると、うしろから声をかけられた。
ふりかえると暗闇のなか、半袖の男が立っている。
聞きとれなかったので「え、はい？」と聞きかえしたつもりだった。
男は頭をさげると、Yさんが座っている木材の横に座った。
どうやらさっき「ご一緒してもいいですか」といった旨の質問をしたようだ。
Yさんは（まあ、いいか）と冷凍ボックスに入ったビールを差しだす。
男はまたモゴモゴとなにかをいう。
また聞きとれなかったことを不思議に思い、男の顔を凝視して驚いた。
彼には目玉がなかった。

目があるべき箇所は眼窩《がんか》がそのまま、ぽっかりと穴が開いていた。他にも鼻は押し潰したようにへしゃげており、上唇が下斜めに歪んで口をふさいでいる。もごもごとなにをいっているのか聞きとれなかったのは、そのためだったのだ。

目のない男は手を振って、ビールを断っているようだった。

周囲に民家がなかったことも歩いてこれる場所ではないことも、どこかで気づいていたのかもしれない。Yさんはすぐに（この人、この世のものじゃないな）とわかった。

不思議と怖いという気持ちはなかったが、こういうことが実際にあるのだと、驚いた。

しばらく火に当たったあと、焚火のむこう側を指さして男はなにかをいった。

――あそこで死んだんです。

そういっているように思えた。

彼が指さす方向をみながらYさんは「わかりました。今度くるときには線香を持ってきますね」と目をもどすと、そこに男の姿はもうなかった。

後日、Yさんは再び河原を訪れた。

彼が指さした方向には谷があり、やはり以前、滑落《かつらく》事故があったという。

寿命がない

Aさんのもとに女友だちからメールが届いた。
【もう寿命がないって言われた　結構むかつく(♯゜Д゜)】
また占いにでもいったんだろう、それにしても変な占い結果だな。
【なんじゃそりゃ(笑)　どこで占ってもらったんだ?】
すぐには返事がなく、深夜になってメールが届いた。
【変なおじいちゃんにいわれた　ママが約束したって　いま横にいるこわい】
彼女の母親はずいぶん前に亡くなっているはずだ。
Aさんはすぐに電話をしたがつながらなかった。
彼女が行方不明になった日のメールだ。
ちょうど彼女が二十歳になる誕生日だったという。

いるはずない

事務職のＩ子さんが部長に頼まれ、倉庫に機材の確認にいった。

倉庫といっても自社ビルの十階で、フロア全体が荷物置き場になっている。

色々な荷物が高く積まれているため、窓が多いのに薄暗いところだった。

Ｉ子さんがリストを片手に機材の数などをチェックしていると、積まれている段ボールの裏あたりから、ため息が聞こえてきたような気がした。

確か裏は窓しかないはず――。数センチの隙間に人などいるはずがない。あんなに細いところに躰《からだ》をねじ込んでいる人がいたとしても、それはそれで怖い。

怖がりだったＩ子さんは震えながらもチェックを続ける。

そして今度はハッキリと、ため息が聞こえた。

彼女はすぐに自分のオフィスにむかって逃げだした。

途中、部長に「あ、機材どうでしたか？」と声をかけられた。

「あの、このリスト、途中だったのですが、あの、ちょっと私、怖い感じがして」

「ああ、怖かったんですね。途中までですか？　あとは私がやるのでいいですよ」

部長は「ありがとうございます」とリストを受けとり、フロアにむかった。

もう一度いけといわれずによかった、とIさんは思った。

だが、しばらくして部長の反応がおかしかったことに気がついた。あのいいかたは、まるであのフロアが怖いところと知っていたような感じがしたのだ。もしかして自分が知らないだけで他の同僚たちもなにかを知っているのかもしれない。

そう思ってまわりに聞いてみたが、なにも知らないということだった。

それから数日が経って、部長と一緒に取引先へいくことになった。

帰り道、部長に思いきって先日の倉庫のことを聞いてみた。

「あの倉庫って、なにかあるんでしょうか？」

「ああ、あの倉庫――というかフロアは、前は普通にオフィスとして使用していたんですよ」

「そうなんですか？」

「私が入社したころはね、営業課のオフィスでした。そこに私もいたんですよ」

「え？　部長ってもともと営業だったんですか」

「そのころはノルマに厳しい会社でね。私の上司も鬼のような人でした。毎日怒鳴《どな》っていましたからね。殴られたこともあるんですよ。いまじゃ考えられない」

「パワハラで訴えられますものね」

「そうですね。でもその上司だって、うえからの圧力があり、そのうえにもまた圧力がかかってた。悪循環と申しますか……会社の悪いところですよね」

「考えてみると可哀そうですよね」

「その鬼のようにみえた上司も、本当は必死だったんですよ。月々のノルマを達成していくのに。ノルマはいくらクリアしても毎月毎月あがっていく」

「際限がありませんものね」

「そのうち目標に届かなくなるのは当たり前です。ある時期ついに、数カ月ものあいだノルマが果たせず、成績が落ちこんでしまった。上司は毎朝ゲキを飛ばすのですが、まったく状況は変わらない。相当疲れていたと思いますよ。ついには大人しくなってしまい怒鳴らない日々が続きました」

「そんな状態だと病気になってしまうんじゃないんですか？」

「もう既に病んでいたと思います。ある朝、社訓を読んだあと、上司がなにもいわず、じっと下をむいて動かないんです。どうしたのかなと思ったら顔をあげて、みんなに背をむけて、窓を開けて飛びおりてしまったんです」

「え！　あそこ十階ですよ」

「その通りです。みんな悲鳴をあげました。地上に落ちた彼は即死です」

「ひどい……」

「たくさんの人たちが目撃した。そんなことがあったものですから、妙なウワサが広まってきたんです。残業していると人影をみたとか、窓ガラスに顔が映っていたとか。上司の霊が社長を恨んで成仏できないんだ、なんていう人もいました」

「みんな勝手なことをいいますよね」

「お祓いまで行われたんですよ。それでもウワサは治まらず、ついには荷物を置くための倉庫になって、フロア全体がいまの状況になったというわけなんです」

「荷物がいっぱいだから暗いんじゃなくて、ウワサをする人が暗くしていったって感じで、なんだかやるせないですね」

Ｉ子さんは無意味に気味悪がったことをすこし反省していた。

「私、あそこのイメージで勘違いして、勝手に怖がっていました」

「あれ？　あなたが怖がっていたのは、ウワサを聞いたからじゃないんですか？」

「いえ、なにか物音を聞き間違えて怖がっていただけなんです」

「そうですか。てっきり誰かから聞いたのかと思いました」

「私の気のせいで部長にも手間をとらせてしまい、申し訳ありませんでした」

「いえいえ、いいんです。でもね、その上司、大きなため息をついたんですよ」

「え？」

「飛び降りる寸前にです。私はその、ため息が忘れられないんですよ」

灯せない

関西出身のNさんという女性から聞いた話である。

彼女の実家は歴史が古く、三世帯の家族が住めるほどの大きな旧家だ。祖父と祖母もあわせて大人は八人、Nさんたち子どもは七人という大変にぎやかな大家族だったが、家の広さだけは充分にあった。特に居間や仏間にはかなりのスペースがあり、あわせると何十畳もあった。

その実家の仏間だが「ロウソクを灯してはいけない」という決まりがあった。

詳しいことはわからないが、祖母の母親が火事で焼け死んだからだという。

ところが住んでいる大人たちは、火の扱いを過剰に注意しているわけではない。夏になれば庭でバーベキューや花火を楽しんだりするし、男衆はみんな煙草を吸っている。夕食で卓上コンロもよく使っていた。つまり火を使ってはいけないというより、なぜかロウソクだけは使ってはいけないという感が強かった。実際、買ってきた誕生日のケーキに付いているロウソクを捨てる大人たちの姿を、子どもたちは何度もみている。ケーキにロウソクがないということは願いごとをかけることができない。子どもたちはテレビドラマの誕生日シーンなどは羨ましく感じていたようだ。「いつかロウソクにお願いごとして消したいね」いつしか子どもたちにそんな願望が芽生えていた。

ある夕方、Nさんの弟が「いいもん、手に入れてん」と耳打ちしてきた。

掌のなかには、カラフルな短いロウソクがいくつもある。

どうやら近所の家からもらってきたらしい。

「いっぱいあるから、みんなでお願いごとしようや」

弟は目を輝かせて、嬉しそうに笑った。

祖父母や親たちにバレないよう、弟は他の子どもたちに耳打ちをしてまわる。

「ロウソクでお願いするから、仏間に集合な」と号令をかけたのだ。

初めての願掛けに、集まった子どもたちは全員わくわくした表情だ。

「怒られるから、バレへんように静かに」と指を顔の前に立て小声で注意する。

みんながうなずくのを確認してから部屋の電気を消して、真っ暗にした。

「それじゃあ、いくで」

いちばん年上だったNさんが、父親のライターの歯車をシャッとまわして火をつける。灯った火が子どもたちの顔を照らし、みんな「わあっ」と歓喜した。

「じゃあ、ボクからね」と弟が目をつぶり願いごとをかけて、ふッと吹き消す。他の部屋にいる大人たちにバレないように、いとこたちは可愛い拍手を送った。小声で「次、わたし」「次はボクやで」とみんな自分の番を楽しみにしていた。

「順番、順番。大丈夫、ロウソクいっぱいあるから」

Nさんは二本目のロウソクに火を灯そうとした。

ところが、何度やってもライターの火がつかない。さっきは簡単についたのに何故だろうと、何度も着火の歯車をまわす。ライターの音ばかりが響いていた。

「あれ？　なんでやろ？　なんでつけへんのやろ」

いとこのひとりが「だれか息、吹いてるで。吹くの止めてや」といった。

「ボクは息なんか吹いてへんで」「わたしも違うよ」「ボクも」とみんな口々に否定する。どこからか風が入ってくるのかもしれないと、Nさんはロウソクを畳に置いて、片手をライターによせて壁をつくりシャッ、シャッと歯車をまわした。

やっと火がついて、子どもたちの顔があかりに照らされる。

その子どもたちのあいだにある仏壇から、老婆の首が伸びていた。シワだらけの顔でなにかつぶやくと、ふっとロウソクに息を吹きかけた。

ぞわっと毛が逆立ったNさんは立ちあがり、急いで部屋の電気をつける。

仏間には他の子どもたちの姿がなく、Nさんだけが立っていた。

健康じゃない

父親と母親、そして中学生の息子ふたりと食事をしていたという。

四人でテレビを観ながら画面に映っている芸能人のことを話していると、息子が箸《はし》を止めて首を傾げ「そういえばこのあいだ、変な子がいたよ」と話しだす。

公園で友だちとベンチに座って話をしていると、子どもが走ってきて、

「○○がもうすぐ苦しんで死ぬの、ずっと病気だったみたい」

それだけいって去っていったらしい。

「幼稚園くらいの子だったけど、ここら辺でみない顔だったな」
○○という男性は、いま画面に映っている芸能人だった。
家族は「この人はそう簡単に死なんだろ、まだ若いし」と笑っていた。

その芸能人の訃報が流れたのは、その翌日だった。

心配いらない

Cさんの夫が暗い顔で帰宅した。

自らが経営していた会社が、ついに倒産することになったらしい。

貯金もなく家のローンもまだまだ残っている。妻は落胆しつつも「いいじゃないの、やり直せば。なんとかなるわ」と慰めた。横で話を聞いていた高校生の娘も「家も安いアパートとかに引っ越してさ、みんなで頑張ろうよ」と父親を励ます。引っ越し資金もない状況だというのに――。

夫はCさんと娘の心遣いに涙を流した。

翌日、買い物から帰ってきたCさんに娘が駆けよる。

「ママ！　あのさ、A子伯母さんって、死んだよね？」

「は？　アンタなにいってるの。お葬式も一緒にいったじゃない」

娘は真っ青な顔で「さっき、家にきたの」と震えていた。

こんなことがあったという。

部屋でスマホを触っていると「すみません、ごめんください」と声が聞こえる。

声は外でなく家の内側からだ。娘は首を傾げながらも、部屋からでて階段をおりた。

玄関に着物の女性が立っていて——それが亡くなったはずの伯母だった。

「久しぶりね、元気だった？」「あれ？　伯母さん。久しぶり……あれ？」

伯母さんはにっこりと微笑んで、

「心配で来たの。これお父さんに渡しておいて」

娘に紙袋を渡すと「それじゃあね」と玄関の鍵を開けて、でていったらしい。

どうやって入ったのかも不思議だったが、それ以前に生きているわけがない。

「本当に伯母さん？　似ている人じゃなくて？」

間違いなく伯母だったと娘はいい張った。

着物の柄も伯母が生前、好んでいたものと同じだったという。

紙袋はずっしりと重かった。

「これはなにが入っているの？」

Cさんが紙袋を開けると、なかにはたくさんの香典が入っていた。

慌てて、伯母の旦那に電話をかけた。

話を説明すると、なぜか旦那は「なるほど。そうでしょうね」と納得して、

「仏壇にずっと置いてあったものだから。どうぞ使ってください」

それだけいって、詳しい事情を話してくれない。

香典の金額は百数万円もあった。

Cさん家族はそのお金で引っ越しをしたあと、生活を立て直した。

いまも元気に暮らしているという。

気使いではない

夫が飛び降り自殺をして、妻は泣きじゃくる毎日だった。

五歳の愛らしい娘が部屋にきて「まま、げんきになって」と画用紙を渡す。

こんな小さな子どもに気を使わせるなんて。しっかりしなきゃ。

妻は「ありがとうね」と娘を抱きしめ、画用紙の絵をみる。

ビルのうえから誰かに突き落とされている夫の絵だった。娘には自殺したことを説明していなかったので驚いた。その前に「突き落としている人物」は何者か。

「このひとは誰?」「おんなのひとだよ」「おんなのひとって……誰?」

娘は妻のうしろを指さした。

マンションの高層階にもかかわらず、窓に貼りついているおんなが笑っている。

除霊してない

深夜になるとブランコが勝手に揺れている公園があった。

「ほら、みろよ。たまに揺れてんだ、あのブランコ。気持ち悪いだろ」

「ホントだ、スゲーな！　ゆうれいが座ってんじゃねえの？」

彼は公園に入ってブランコに近づくと、踏みつけるように足で揺れを止めた。

ブランコが完全に止まったのを確認してもどってくる。

「もう大丈夫だよ。除霊しておいた」

なにが大丈夫でなにが除霊かわからなかったが、酔っているせいもあって彼は大笑いしていた。

その夜から彼の家では奇妙な現象が起こり続けた。

拝み屋を呼んで、本当の除霊をするまで毎晩だったという。

いらない

九十年代後半の話である。

深夜、寝室でF代さんが眠っていると居間で電話が鳴った。

先に隣で眠っていた夫が起きて、ベッドから素早くでる。布団で寝転がっていたF代さんの耳に、居間から夫の「もしもし」と不機嫌そうな声が届いた。

そのまま再び彼女は夢の世界にもどった。


「変な電話があったの、覚えてる？　昨日」

休日だったので、ゆっくりと新聞を読みながら夫が話しだす。

「ボセキいりますか？　って男の人がいってた。わけわかんない」

「なにそれ。ボセキって……もしかして、お墓の墓石のことかしら？」

「多分、そうだと思うけど」

「気持ち悪いわね。いたずらかしら。あれって何時だっけ？」

「ん、二時半くらいかな」

夫は何度も「なんですか？」「どなたですか？」と尋ねたが答えなかったらしい。

「ずっと同じことといってるし、真面目に対応してるのがバカらしくなってきて」

目が覚めてしまった夫は、電話を切らずに冷蔵庫からビールをとりだした。

「え？　ビール呑んでたの？」

「あ、うん。特に理由はないけど、なんとなく呑みたくなって」

「電話は？」

「三十分くらい聞いてた。ずっと同じことといってるんだもん。悪戯だからあっちに電話代使わせてやろうと思って」

「無駄なことして時間がもったいない……さっさと切って寝なよ」

「むこうから切ったよ、飽きたんじゃないの」

「もうかかってこなかった？」

「かかってこなかった。切られる間際にいってやったんだ。『あの、墓石はいらないです。近所にYさんって家があるから、そこにあげてください』って」

「ぷっ。なにそれ。なんでYさんなの？」

「あそこの家、みんな感じ悪いだろ。お前も嫌ってるじゃん」

「それにしても変ないたずらね」

「ま、世のなかヒマな奴もいるさ」


その日の夜、近所のYさん家族が無理心中をした。

以来、F代さんたちは夜に電話が鳴ってもでなくなったという。

忘れていない

真っ赤に染まる夕焼け、みたことありますか?

私がいってるのは、茜《あかね》色に染まって綺麗だなあ、レベルの話ではありません。もう周囲のすべてが真っ赤に染まる夕焼けです。

街も走っている車も通行人も、自分の手さえ、全部が真っ赤の夕焼けです。

雨があがった夕方の夕陽——そして、きっと他にも季節の気候や湿度、さまざまな条件が重なってそうなるんでしょうが——あれの本当の正体を知っているって人に逢ったことがあります。

あれ、あの世が過去の姿で現在と重なっているんですって。意味わかります?

つまり、あの状態になるとき、むかしの風景が現れて、ああなってるんです。

私も、意味わかんないって、最初に聞いたとき思いました。

その子は小中高と同じ学校に通っていた幼なじみなんですけど。

真っ赤に染まる状態になるとき「また、重なってたね」とワケのわからないことをいうので、詳しく聞いたんですよ。

その子がいうには戦時中の空襲を受けた状態を周囲の「景色」そのものが覚えていて——昼でも夜でもない「逢魔《おうま》が刻」に条件がそろえば、だれでもみることができるのだそうです。

絶対違う、ただの夕陽がおこす現象だよって。私、いいました。

でもその子いうんです。

じゃあ、いままでしゃがんでいた人——空襲で亡くなった人たちが、立ちあがって空を見上げるのはどういうことなの？

ぞっとしながら、まわりをみました。

数秒……というより一瞬かもしれません。私もみました。

黒こげた人たちが空を仰いでいるのを。

採ってない

Aさんは子どものころ、火の玉を何度もみた。

場所は岐阜県の某市内、すぐ近所にあった山の麓だ。

火の玉はその名の通り、燃えながら宙に浮いていた。百円ライターをつけたときの、火の根元のような青い炎。スピードはないが、ゆらゆら揺れながら移動していくのが特徴だという。

土葬の文化が残っている場所で、夏になるとよく現れていたらしい。

そこまで珍しいものでもなかったようだ。

子どもに「亡くなった人の躰からでたリンが燃えているだけだ」と説明する大人もいたが、Aさんの両親などは「死んだ人が火の玉の姿になって、家に帰ってきてるんだぞ、怖いぞう」とやや脅しめにいっていた。

変にリアリストな子どもだったAさんには信じられなかった。

死んだ人があの姿になったとは思えない。

リンが燃えているだけにしては意思があるように動いている。

昆虫採集が好きだった彼は（とにかくゲットしてみたい！）と思っていた。


ある夏休みの夜、Aさんは近所の家で晩御飯をごちそうになった。

彼は友だちの家で献立を聞き、夕食を頂く術を持ち得ていた。もちろん、両親に電話をして強引に許可をもらうのが条件ではあったが、

「そろそろ帰るね！　ありがとう、おばさん」

「うん。送っていこうね」

「いい、すぐそこだからひとりで大丈夫！」

Aさんは「バイバイ！」と叫んで夜道を走りだした。

家まで五百メートルほどの距離だったので、すぐに到着した。

門をくぐろうとしたとき、道の先になにかが光っているのがみえた。

青白い光がゆらゆら揺れている。

Aさんは目を凝らさずとも、すぐにそれがなんの光かわかった。

門をくぐると玄関にむかわず、横の庭に移動する。居間の戸が全開になっている。そこからテレビをみている家族がみえたが、Aさんが帰ってきているのに全然気づいていない。地面に落ちていた虫アミと虫カゴを手にとって門までもどる。

おそるおそる門から顔をだして道の先をみると、まだ光は揺れていた。

(間違いないぞ——火の玉だ!)

できるだけ音を立てないように、しかし素早く、火の玉に近づいていく。

そこはAさんも知っている近所の家だった。門扉のうえあたりを左右にゆらゆらと揺れて、まるで家に入れてもらえない子どものようなようすだった。

火の玉に前や後ろがあるのかどうかはわからなかったが、すぐ後ろまで忍び寄ることができた。

空の虫カゴを地面におき、両手で虫アミを強くにぎり締める。

ゆっくりと高くあげて、そーっと火の玉に近づき——。

「えいッ!」

先で思いきり叩くように、虫アミを振りおろした。

地面に押さえつけたアミをみると、なかに火の玉が入っている。逃げようとしているのか、上下左右に動きまわっていた。押さえつけたまま地面を引きずるようにアミを虫カゴに近づける。片手でフタを開けると器用に虫アミを動かし、火の玉を虫カゴに入れて素早くフタをした。

「よっしゃあッ、採ったどお！」

虫カゴに顔を近づけると、青いひかりがAさんの顔を照らしだす。

火の玉は虫カゴの壁や天井にぶつかりながら、移動できないことに驚いているようだった。近くでよくみると青い炎の奥に球体があった。その球体の表面をいくつもの白い煙のようなひかりが、波打つように何度も回転している。ときおり波同士がぶつかりあい、球体から離れると青い色に変化して蒸発するように消えていく。これが炎にみえているものの正体だったのかと、Aさんは感動した。

問題はコレをどうするかだ。

死んだ人の変わり果てた姿といっている両親にみつかると、間違いなくどやされるだろう。おそらくその場で虫カゴを開けられたあげく、尻を叩かれるかもしれない。それをなんとか避けて、この成果を学校で友だちに自慢したい。

隠すことに決めたAさんは虫カゴを抱えて家の前まで走り、庭の茂みの奥に突っ込んだ。

「これでよし！」

玄関を開ける前に（ちょっと待てよ。思ったより力が強くてフタを開けて逃げるかも）と心配になってもう一度、茂みにもどり石を虫カゴのうえに置いた。

「よし……これで大丈夫だな」

「なにが大丈夫なんだ？」

いつの間にか後ろに立っていた父親に声をかけられ、Aさんは飛びあがった。

「いま迎えにいこうかと思ったんだが、お前まさか」

父親は酒を呑んでいるらしく赤ら顔で続けた。

「ま、まさかなんだよ」

「お前……ちゃんと『ごちそうさまでした』って、お礼いったんだろうな」

Aさんはこころのなかで安堵すると「ちゃんといったよ！　なんだよもう。家に入ろう！」と父親の手を引き、玄関にむかった。父親にバレないように振りかえると、茂みの奥がうっすらと青く光っているのがみえた。

朝になり目を覚ますと、こっそり外にでて茂みの虫カゴをとりだした。そこに火の玉はなく、かわりに泡のようなものがいっぱいに入っていた。

親にバレると色々と追及される恐れがあったので、すぐにホースの水を入れて洗い流したそうだ。

根岸鎮衛《ねぎしやすもり》が江戸中期に書いた『耳嚢《みみぶくろ》』という本がある。

そのなかに火の玉（人魂）が地面に落ちたあと、泡が湧き虻《あぶ》になったという話があったのを、この話を聞いて思いだした。私はAさんにそのことを伝えた。

「じゃあ、あのまま泡を放置していたら虻になったんですか」

虫カゴなんでちょうど良かったかもしれませんね、とAさんは笑った。

「もうひとつわかったことが。これはずいぶん後から聞いたんですけどね」

Aさんがゲットした火の玉が飛んでいた、近所の家のことだった。

「ちょうど、オレが火の玉をみつけたとき、家のなかでは自宅治療をしていた老人が危篤の状態だったらしいんです。ところが翌日にはウソみたいに――」

元気になったたって話ですよ、とAさんはまた笑った。

人じゃない

そこにEさんが引っ越してきて、ひと月ほど経ったころの話である。

朝、目を覚まして歯を磨きながら、昨夜のことを思いだした。


何時ごろかは不明だが、インターホンが鳴ったような——気がする。

マンションなので隣の部屋に来客がきたのだろうと決めつけたが、どうやらそうではないようだ。眠気のほうが勝ってしまい、布団にもぐって耳をふさぐ。

インターホンは長いあいだ鳴り続けた。

(もう、うるさいよ……寝かせて)と思った。

しばらくすると鳴りやんだ。

数秒ほどしてドアポストがパタンッと閉まる音がした。

（ということは、なにか入れたんだな——）

Eさんは口をゆすぐと、確かめるため玄関にむかった。

案の定、ドアポストには封筒が挟まっていた。

そこにはマジックで「おしらせ」とだけあり、名前などは書かれていない。

不思議に思いながらその場で封筒を開けてみる。

手紙が入っており、妙な文章が書かれてあった。

『おしらせします　あした　よる』

手紙を読んだEさんは思わず「気持ち悪っ」と声をだしてしまった。

手の込んだセールスの手口か、家を間違えたのかのどちらかだろうと思った。

帰宅してしばらくするとインターホンが鳴る。

「はーい」と玄関ドアまでいき、覗き穴をみるが誰もいない。

確かに鳴ったのに——と目を落とすと、ドアポストの受け口から手がでている。

Eさんは「うおッ！」と驚いて後ずさった。

手の横に男が顔を覗かせて「今年のおしらせですよお」とゲタゲタ笑った。

すぐに警察を呼んだが、男は既に去ったあとだった。

この街は治安が悪いのか、警察官はすこし面倒くさそうだった。

「変質者ですかね?」とEさんが尋ねると、警察官は真顔で妙な返事をした。

「人間だったら捕まえることができるから問題ないんだけど。この辺はむかしから変なことが多いから。まあ仕方ないんで念のため指紋をとっていきます。多分というか、どうせなにもでないでしょうけど。仕事だからね」

フィリピンのとある街の話である。

冗談ではない

Iさんが小学生のころの話である。

五時間目と六時間目のあいだ、十分ほどの休み時間。もう間もなく授業開始のベルが鳴るという寸前に、ひとりの生徒が「うわッ」と窓の外を指さして叫んだ。

「みんな、みて！　キョンシーがおる！」

キョンシーとは当時、流行していた中国映画のゾンビのことである。

ゴッコ遊びをするほど好きだった者も多くいたので、みんな窓の外に注目した。

ところが、校門にも校庭にも、それらしき姿は確認できない。

「どこにおるねん」

「おったんや！　門からしゅッて校庭のとこ、移動してた！」

Iさんもキョンシーが好きだったので、みんなと同じように外を凝視した。

しかし、クラスの誰ひとり、それらしき人影さえ確認できなかった。

結局、その子の冗談と判断されたようで、教室はすこし白けた空気になった。

チャイムが鳴り、廊下から先生が入ってくる。先生はドアをぴしゃりと閉めた瞬間、持っていたノートやプリントを床に落としたかと思うと両手を前に伸ばして、窓に走ってガラスを突き破り、そのまま地面に落下していった。

教室のあちこちから、生徒たちの悲鳴があがった。


先生は命に別状はなかったが重傷で、そのまま学校に復帰しなかった。もともと、ころの病気だったと教頭から説明があったが、Ｉさんのクラスではキョンシーにとり憑かれたというウワサがひろがったという。

珍しくない

故人から電話があったという怪談を聞くことがあるが、これもそのひとつだ。

「亡くなった叔父さんと電話で話したの。あんなこと本当にあるのね」

Uさんは母親からそう聞かされて「はあ？　なんだよ、それ」と一笑にふした。

「本当よ。アンタのこと、すごく心配してたんだから」

叔父はUさんと仲が良かったが、だからといってとても信じられない。

寝ぼけていたか酔っていたか、似たような声の人と間違えたのだろう。

そのように考えたUさんは、たいして気にもしていなかった。

数日後、Uさんはオフィスで昼食をとりながら母親の話を思いだす。

「このあいだウチの母親が、ワケわかんないこといいだしてさ」

隣の席にいる同僚に電話の話をすると、

「それ、あるよねえ。ウチの親せきも同じようなことといってましたよ」

「え？　あるの？」

驚くUさんを尻目に同僚は続けた。

「昼間、電話でたら亡くなった父親のアニキだったたって。あまりにも普通に近況とか聞いてくるんで『葬式したのって違う親せきだっけ』って思ったそうですよ」

むかいに座っていた後輩の女性も「わたしも」と手をあげた。

「親せきと電話で話しました。元気かって、普通に聞いてきましたよ」

あとで家族に話すと、もう亡くなっていると驚かれたという。

他にもオフィスの数人が同じことがあったといいだした。亡くなった人と直接話をしたのは後輩ひとりだけだったが、他のみんなは「ウチは父親が」「私は祖母が死んだ祖父と」と同じような話が多いことにUさんは驚く。ひとりが「ウチの父親は電話の相手にこんなことをいったらしいですよ」と続けた。

「アンタ、もう死んでるんだぞ。どうして電話してくるんだ」

相手は「そんなの——オレの自由だろ」とつぶやくと、電話を切ったらしい。

そのあとオフィスの電話が鳴るたびに、みんな引きつった顔になった。

あきらめない

Wさんの実家は正月になると親せき一同が集合する。

恒例の行事なので毎年帰っているらしいが、数年前こんなことがあった。

姉夫婦の息子、HくんがWさんの父親にむかって、

「あのね、ジイジよりもおじいちゃん、このまえ、おはなししたんだよ」

Wさんの父親は、彼のことが可愛くて仕方がないらしく溺愛していた。

「ジイジよりも年上の人のことかな。どんな話をしたんだい?」

「あのね、あのね、ジイジよりもおじいちゃんはね……」

ここでWさんはトイレにいったらしい。

もどってくると、厳格な父親が号泣していたので驚いた。

「え?　なに?　どうしたんだよ、親父」

横に座っていた姉にWさんは尋ねた。

「……どういうこと？」

彼女も驚いているようすだった。

他の者たちも同じく口を開けてポカンとした表情をしている。

「いま、この子、変なこといいだして」


Wさんが席を立ったとき。

「あのね、ジイジよりもおじいちゃんはね、よる、あそびにきたんだよ」

「夜？　どこにきたんだい？」

「Hくんのね、おうちにきてね、はじめましてしたんだよ、きのう。ともぞう」

「ともぞう？」

「ともぞうは、なまえ。そんでね、ともぞうはね、おてがみをね、ジイジがみつけてくれたの、ありがとうっていってたよ。ジイジ、みつけたでしょ？」

「手紙？　いったいなんのことをいってるんだい？」

「ともぞうのこどもに、わたしたてがみ。ともぞうがうれしかったって」

「ともぞうって……まさか」

「しぬときのさいごのおねがいが、てがみを、だれかわたして、ほしかったから。ともぞう、しんだの、おやまでみつけたでしょ？　ジイジ」

「どうして、お前がそのことを知ってるんだ」

「ともぞう、ありがとうって、Hくんのあたま、なでてくれたんだよ」

「そうか……そうか……」


Wさんの父親は若いころ、登山が趣味だった。

そこでほとんど白骨化した男性の遺体をみつけたことがあった。

滑落して大怪我をしたらしく身動きができないまま、そこで息を引きとったようだった。

遺体を発見しても運んで帰ることはできない。

Wさんは位置をよく確認して身分証明書がないか調べると、ポケットから免許証がでてきた。遺体の男性の名前は「○○友蔵」で、他にもメモ用紙に書かれた手紙が入っていた。

手紙は年をとってから生まれた娘にむけてのもので、彼女と妻への愛情と、もうすぐ生まれる孫に逢えない悔しさと寂しさが綴られていた。

酷い怪我の苦痛に耐えながら書いた歪んだ文字はWさんの胸を打った。

【私をみつけた人はどうか、娘にこの手紙を渡してほしい――】

「……わかった。俺が必ずあんたの娘をみつけて、この手紙を渡すよ」

Wさんの父親は、遺体と交わした約束を守った。

なかなか居場所がわからず苦労したが、決してあきらめなかった。

この出来事は結婚前のことで、いままで誰にも話していなかったらしい。

「あの爺さん、本当に嬉しかったんだな。良かった。本当に良かった」

そういって父親はまた涙を流していた、という話だ。

異常はない

防水工事の仕事をしているNさんから聞いた話だ。

ある夜、大阪にある地下街の店舗にむかった。施工には壁を削る必要があり、昼間は営業している店が多く工事ができないため、深夜の作業となったのだ。

Nさんと後輩のふたりで警備が管理する裏口から地下街に入れてもらう。

当然だが、昼間と違って人ひとりいない。

緊急避難出口を示す緑のライトや、非常灯に照らされたシャッターが一直線に並んでいる。やはりすこし不気味な光景だった。

案内されて目的の店の鍵を警備員に開けてもらう。

問題のある箇所を確認したあと、いったん車にもどり後輩と一緒にライトや機械工具を運びだした。

途中「夜の地下街って、けっこう不気味っすね」と後輩がつぶやいた。

「せやな。やっぱ、ゆうれいとか出そうやな」

「ボクそういうの、めっちゃ苦手っす」

「なんや？　ゆうれい見たことあるんかいな？」

「ないっすけど、ホラー映画とか一瞬でも見ただけでビビりたおしますわ」

「はは。じゃあ、ゆうれい出たらダッシュで逃げなあかんな」

そんな会話を交わしながら荷物を運び終え、作業にとりかかる。

マシンガンのような形の電動ハンマーで壁を削っていき、水漏れの箇所を探していく。

大きな音と、顔にむかってコンクリートの破片が飛び散るのが大変だが、だいたいの水漏れの位置はわかってきた。

「どうですか？」

「うーん、ちょっと水漏れの箇所が多いかもしれん。でも大丈夫や」

Nさんは車から工具を持ってくるよう後輩に指示をして作業を続けた。

だが、その後輩がなかなか帰ってこない。

「……あいつ、遅っ。なにしとるねん」

待ちくたびれていると「すみません、もどってきました」と工具と缶ジュースをふたつ持って帰ってくる。

「ジュース買って遅なったんか?」

「いや、ここ迷路みたいで、めっちゃ迷ってました。すみません」

「ああ、間違えてあっちの方向にいってんな。逆によう帰ってこれたな」

「いや結局、警備員さんに案内してもらいました」

後輩は舌をだして笑っている。

Nさんは呆れながら「ちょっと休憩しようか」とジュースを受けとった。

汚さないよう敷いたシートに座って、しゃべっていると店の前に人影が立つ。

「うわっ……びっくりした。警備員さんか」

「異常はないですか?」

「さっきは迷ってすんません、助かりました。ありがとうございました」

後輩がお礼をいうと警備員は微笑んで去っていった。

「あの人おらな、ヤバかったすよ。でも、こんなところ」

ひとりで見回りするなんて怖くないんすかね、と後輩は眉をあげた。

そのあとも施工を続けて、四時間ほどで作業は終了した。

荷物を片付けて車に運び、入口の警備員に挨拶をする。

「終わりましたので、あとはお店の鍵閉めのほうだけ、よろしくお願いします」

「ああ、ご苦労さまでした。どうでした？　直りましたか？」

「しばらくようすをみなきゃダメですが、大丈夫だと思います」

後輩が「道に迷ったりして、ホント恥ずかしいっす。もうひとりの警備員さんにもお礼をいっておいてください」と頭をさげた。

「もうひとりの警備員ってだれですか？」

流れてない

引っ越した部屋の風呂の調子が悪いと聞いた。
排水溝の流れが変で、バスタブのお湯がうまく流れないらしい。
工務店で働いているので直してあげるよ、と下心を隠して家にあがり込む。
バスタブに水を溜めてから栓を抜くと、なるほど、確かに流れが悪い。
汚れで詰まっているのかも。バスタブの栓を抜いたまま、持ってきた簡易の水圧機の
ホースの先端を排水溝に差し込んで圧をかけた。
汚れが浮きでるのを確認するためバスタブをみつめる。
ごぼっと音を立て、おんなが顔をだした。

呪いはない

滅多に口もきかない妻に対して、夫は酒の勢いで嫌味をいった。

「もう五十前なのにスピリチュアルなんかにハマってるんじゃねえよ。バカみたいな本ばっかり読んで。霊とか呪いとか本当にあるならオレにかけてみろってんだよ」

一週間後、彼の告別式が行われた。

忘れない

六十歳もすぎているのに若い独身女性と不倫をしていた男性がいた。
あるとき、彼はその女性を孕《はら》ませてしまい堕胎を勧める。
嫌いではないし、本当は妻を愛しているということでもない。
ただ単に生活の現状維持をしたかったのだ。
女性は彼を睨みつけながら、言い訳を黙って聞いていた。
産婦人科にいき施術を終えると、そのまま女性は行方不明になった。
数年後、海外で暮らす男性の息子が最近、変な夢をみると電話をしてきた。
夢のなかで、彼は日本の産婦人科医院の前に立っている。
すると医院から赤ん坊が飛びでてきて、首にしがみついてくるという夢だ。

息子は夢の内容をかなり詳細に覚えていた。

「○○産婦人科って名前なんだけど、心当たりある?」

そこはあの女性が堕胎した医院と同じ名前だった。

なぜいまになって――そして、なぜ息子の夢に現れるのか。

まったく見当がつかないんですよ、と男性は首を捻っていた。

撮らない

東北の田舎から友人が東京に遊びにきた。

ずっと村に住んでおり、都会にくるのは初めてだったので友人のテンションはあがっていた。

「うおお、これが東京だっぺ！」

なにをみても写真を撮り、なにを食べても美味しいという。

住宅街も珍しいらしく、普通の家々も写真に撮る始末だった。

すべてに大喜びしていた友人が唯一、

「うわあ、なんだぁ、ここ。ここは気持ち悪いべ」

厭な顔をしたのは、ただのアパートだった。

「気持ち悪い？　そうかなあ？」

「なんでオメエ、こんなのみて、なんとも思わねえんだ?」

特に古いというわけでもないし、両隣が駐車場なので日当たりも良さそうだ。

「うわあ……オレここ、ダメだあ。はやく行くべ、行くべ」

あとから知ったことだが数年前に連続殺人犯が住んでいたところだった。

逮捕されたのも犯行をおこなったのも、そのアパートだったという。

確認できない

某駅では「トイレで首を吊っている人がいますッ」と飛びこんでくる人が多い。

トイレまで一緒にいくと「このドアのなかですッ」と個室を指さす。

ドアには使用禁止の紙を貼り、外に鍵をつけて開けられないようにしている。

ここは開かないんですよと説明すると、確かになかで首を吊っていると主張する。駅員が「では、どうやって首を吊っている人を確認したんですか」。

そう尋ねると「……あれ?」と、みんな言葉に詰まるという。

気づかない

怪談について、東北に住む住職がこんなことをいっていた。

「実際にあったとされる怪異を談話しているときに、見当違いの話をする者がいます。話の出所がテレビや映画、書籍や有名な怪談の語り手のものなのに、自分の話として語る者ですね。多少のアレンジは入っていますが、想像力が欠如しているので大筋は同じ、みんな呆れた顔をしているけど本人は気づいていない。そしてその人の背中にこそ、黒い影がしがみついているのが視えます」

省みない

同じ住職がこんなこともいっていた。

「お祓いを受けたから大丈夫だと安心して帰っていく人のうしろ姿は、清々しく軽い足どりです。しかし、なぜお祓いを受けなければならない状況になったのかは省《かえり》みないらしく、街中などで偶然再会したときにまったく同じ悪いモノが憑いているときがあります。いつ憑いたのでしょうか。お祓いをした翌日なら哀しい限りでございます」

対処できない

最後に住職はこう仰っていた。

「憑依というものにも大小がございまして。小さなものは躰の一カ所にだけ憑くことが多く、大きなものは全身に憑きます。だから命を脅かすものとなるのでございましょう。ただ、最近とても多いのは大小というよりも、なんと表現すればよろしいのでございましょうか——こころに憑く、と申しましょうか。問題を他者のせいにして、いつも怒っていらっしゃる人やイライラしている人、誰かのあげ足をとろうと躍起になっている人がそれでございまして。顔がブレて二重になって視えますね。ほとんど悪いモノと一体化しているような状態です。残念ですが、私どもとしましては、そういう方々は対処できない次第でございます」

来てない

友人のカナさんのために、E美さんは誕生日パーティーを企画した。

場所はE美さんが住んでいるハイツの二階の部屋、他の友人も集めて楽しんだ。


その翌日の午前中のことだった。

散らかっている部屋を片付けていると、インターホンが鳴る。

でてみると警察官が立っていた。

「昨夜、ここで飲み会とかしましたか」

かなり酔っぱらって騒いでいたので、近所の住民から通報でもあったのだろう。

E美さんが騒音について謝っていると、警察官は首を振った。

「それはそれで気をつけて欲しいですけど、誕生日を祝う飲み会でしたか？」

「あ、はい、そうです。すみません」

「それはカナちゃんという名前のお友だちの誕生日会ですか？」

「え……はい、そうです」

「となりの住人も、カナちゃんおめでとう！　って声が聞こえたといっています」

「ああ、すみません！」

「ということは、お面ってありましたよね？　誰がかぶってましたか？」

「はい？　お面ですか？」

「プラスチックで、かぶっている人の顔がみえる透明のお面です」

「ああ、ディスカウントショップで買った……えっと、どこにあるのかな」

「いえ、こちらで預かってます。かぶっていたのは？」

「預かって？　かぶっていたのは私ですけど……あの、どういうことですか？」

「このマンションの前に戸建てが並んでいるでしょう。その家のひとつで昨夜、人が亡くなりまして。自殺は間違いないんです。遺書もありますし。その遺書に妙なことが書かれてあって。これなんですが、ちょっとみていただけますか」

前のマンションの二階　部屋でパーティー　してる
あの世にいくまえに私も　まぜて　もらおうかな　楽しそ

「お友だちじゃない人もここにきましたか？　あんまり知らない人とか」

「いえ、誰もきてません。みんな仲の良い人ばっかりです」

「その自殺した子、ここにきた形跡があるんですよ。本当はきたんでしょう？」

「いえ、きてません。断言できます。ここにきた形跡ってなんですか？」

警察官は「うーん」と唸ると、ちょっと考えてE美さんにいった。

「いってもいいものかわかりませんが、薬物で自殺したその子、お面をかぶっていたんです。お面のオデコのところに『カナちゃんおめでとう』って書かれてますけど、書きました？」


確かに書いた。

命がない

「曽祖母が持っていた手紙が怖かったので、一度みにきてください」

ある地方に住む方からメールを頂いて、ずいぶんと経ってしまった。

怪談社の怪談師が先日、その地方の近くへいくことになり伺わせてもらった。


T子さんの曽祖母はもう三十年以上も前に亡くなっていた。

彼女の部屋からは戦前からの持ち物がたくさんでてきた。

なかには博物館に寄付されたものもいくつかある。歴史的に価値のあるものが多かったらしい。

そこに、件の手紙があった。

戦時中に書かれたもののようで、誰が書いて誰に宛てたものかはわからない。なぜ曽祖母が持っていたのかも不明だという。

「はじめて読んだとき、ぞっとしたんですよ」

迎えにきて頂いたT子さんの運転で、手紙がある祖母の家にむかった。

T子さんの祖母は入院中で、家には誰もいなかった。

怪談社にメールを送ったとき、手紙をみせるのは問題ないといわれていた。

持ち帰ることや、撮影の許可はもらっていなかったので、怪談師は手紙を模写することにした。

怪談師は手紙を読んだあと、すぐに質問をした。

「曽《ひい》お祖母さんの遺した財産に土地、もしくは貸している土地などありましたか」

T子さんは「わかります、いいたいこと」とうなずいて答えた。

「曽お祖母ちゃんは、曽お祖父ちゃんから受け継いだ土地を、いくつも持っていました。でも、ほとんどは戦時中の話で、戦後の混乱した時期に貧しい人にタダであげたり、お金のある人に売ったりしたようです」

「文章はどうみても戦時中のものですよね……それなら売買の記録は?」

「私も調べました。わかりませんでした」

「入院中のお祖母さんも知りませんでしたか?」

「曽お祖母ちゃんのことは、お祖母ちゃんから聞いた情報ばかりです。お金のことや財産のことは、ほぼなにも知りませんでした。ただ持っていた土地のほとんどは関東にかたまっていたみたいです。埼玉にすこし、あとは東京です」

「ここに井戸があると書かれていますが、これは参考になりませんし」

「その通りです。戦後は売買と転売が繰りかえされて、根気よく探せば、すこしはなにかわかるかもしれませんが」

「お手上げですね。家族しか調べることができないものが多すぎます」

鉛筆で書かれた文字は、ところどころ消えかかっていたが可能な限り再現したのが次の文章だ。繰りかえすが、誰のものかは不明である。


イヱニ、カエルト、ニワノ、イドノマヱデ、ミズアビ、シテイル、ヒトガイル。

センチニ、イツテタ、オトウサマ、カヱツテキタ。

オトウサマ、ゴクロウサマデシタ、ワタシハ、ソウ、イオウト、シマシタ。

ミズヲ、オケデ、クモウトシテイル。

オケノ、ミズヲ、オカラダニ、カケテヰタ。
ミズハ、カラダヲ、スリヌケテ、ジメンニ、バチャバチャ、ナガレル。
チカヅクト、フリカヱツタ、ソノヒト。
ミタコトナイ、カオノ、オトコノヒト、ダツタ。
オトコノヒトハ、ワタクシヲ、ミテ、アアア、コヱヲ、ダス。
アア、アツイ、アア、アツイ、ナンドモ、ソウ、オツシヤツテタ。
オトウサマ、ジヤナクテ、シラナヰ、オトコノヒトデ、オドロイタ。
カラダハ、アチコチ、ヤケドガ、タクサン。
ヒフガ、メクレ、ニクガ、ミヱテ、イル。
メダマガ、アカク、クチビル、ハレテ、フクラム。
オケヲ、オトシテ、ワタクシニ、チカヅク。
ヒフガ、タレサガツタ、ウデヲ、ノバシテ、ワタクシニ、チカヅク。
ゴホゴホト、セキヲシテ、クチヲ、アケテ、オツシヤツタ。
クスリハナイカ、クスリハナイカ、ソウオツシヤル、オトコノヒト。
アツイ、アツイ、カラダガ、アツイ。

ヤケル、ヤケル、カラダガ、ヤケル。
イノチガ、ナクナル、クルシイ、シニタクナイ、シニタクナイ。
ソウイツテ、ウスク、ウスクナツテ、キヱテイク。
ワタクシハ、ミテヰラレヅ、メヲ、トジテ、ミミヲフサグ。
アア、ヨカツタ、キヱテ、クレタ。
デモ、コヱダケガ、ノコツテ、ワタシニ、イツタ。
ダカラ、ヲヒツコシ、オカアサマト、イモウトデ、ニゲマシタ。
オトコノヒトノ、コヱガ、サイゴニ、オツシヤイマシタ。
コノチニ、スムモノ、ミンナ、カナラズ、ホウムル。

安心できない

四十年近く前、恐山で働いていた霊媒体質の祖母は忙しかった。

盲目だったがみえる人の何倍も働いていた。それも、昼の仕事場より夜の自宅のほうが、来客が多かったという。ほとんどが話を聞いて欲しい霊たちだが、なかには遺族の問題を解決して欲しいと頼む霊もいたらしい。

ある夏の昼下がり、彼女は老衰で静かに眠りについた。

弔いにはたくさんの人が集まり、祖母をしのんだ。


ところがそれからも来客はやってきた。

深夜になると玄関の戸を叩く者や、みんなが寝静まったあと家のなかを歩きまわる者、なかには揺さぶり起こしてくる者もいたので、家族は困っていた。

音だけが聞こえるときもあれば、姿がみえることもある。

たいていは普通の人間と同じ容姿だが、おぞましい姿で現れる者もいた。

危害を与えてくることはなかったが、怖くて安心できない。

父親がこっそり祖母の仲間のところにいき、どうすればいいか相談をする。

祖母の仲間は「そんなもの簡単じゃ」と笑って解決方法を教えてくれた。


その夜、また玄関の戸を叩くものがいた。

まるで待っていたように父親は「よし」と玄関にむかっていく。

しばらくして帰ってくると、

「これでもう大丈夫だ。こなくなるから、みんな安心じゃ」

そういって笑うので、なにをしてきたのかと尋ねた。

「簡単だ。外には誰もおらんかった。でも、ワシにはみえんだけで、そこにいるハズだから『みんなに伝えておいてくれ、婆さまはもう亡くなった。だからここにきても相手できん。わかったか』っていってやったんだ」

家族はみんな、は？　それだけ？　と呆れてしまった。

「いや、どうして信じん？　これだけで、ええんじゃ。婆さまは良い人間じゃったから、ここにくる者たちも良い者たちじゃって……いうとった」

誰がいうとった？　といっせいに突っ込まれる。

「え……婆さまの……友だちじゃ」

まるで自分が考えたような態度をとっていたが、すぐにバレてしまった。

しかしそれ以来、夜の来客は本当になくなったという話じゃ。

勘違いしない

K太さんは六年ものあいだ交際していた彼女に、突然の別れを告げられた。

彼は穏やかな性格で、彼女になにかを要求したこともなければ、怒ったこともない。無口でいつもニコニコと話を聞いてあげるタイプだった。そんなK太さんに対して彼女は「ごめんね、他に好きな人ができたの」と事もなげにいった。

彼女の言い分は次のようなものであった。

「ただ、話が面白くないっていうか、笑えないというか、退屈なの」

「もう一緒にいてもやることがないでしょ。いつも同じ流れだし」

「ご飯を作ってくれるのは嬉しいし、保険として押さえてたんだけど」

「一緒に寝るのもマンネリで、なんだか義務的になっていたのよね、ワタシ」

「仕事も高年収ってワケじゃないじゃん。会社員とか、なんかダサいし」

「あなたのことが嫌いになったってワケじゃないのよ。勘違いしないでね」

それに比べて、と彼女は続ける。

「カレは冗談が好きで、いつも笑わせてくれて、楽しくて仕方ないの」

「遊ぶところもいっぱい知っていて。連れてってくれるの、外車で」

「高級料理のお店とか、ホテルのレストランとか予約してくれるのよ」

「エッチも上手で、躰の相性があうっていうか。ドキドキするのね」

「家もお金持ちで、仕事は弁護士なの。やっぱ安定してるじゃん」

「でも、あなたに不満があったってワケじゃないのよ、勘違いしないでね」

K太さんは「わかったよ。勘違いしない」とため息をついた。


勘違いせずに彼女の人格を受けいれたK太さんにはすぐ幸せが訪れた。

別れてから二カ月もしないうちに、新しい恋人ができたのだ。

ずっと彼のことを好きだった会社の後輩が、落ちこんだ彼を支えて告白してきたらしい。性格も大人しく趣味もあうようで、落ちついた日常を過ごしていた。

ある夜、ふたりで眠っていると、おんなの声が聞こえてくる。

K太さんが躰をおこすと、部屋のすみに前の彼女が座っていた。
「ごめんなさい、ごめんなさい、ごめんなさい」
膝を抱えて躰を揺らしながら、ぶつぶつと謝り続けている。
電気をつけると、ぱっと消えてしまった。
夢でもみたのか。
そう思ったが、横にいた恋人が「いま、おんなの人がいたよね」とつぶやいた。
それから数日に一度、部屋の隅に彼女が現れるようになった。
恋人は「もしかして、元カノ亡くなったんじゃない」と心配したのだが——。

やるせない

K太さんと別れた彼女は、数日で弁護士のカレに捨てられた。

カレの「若いおんなの子のほうが好き」というメールが最後の連絡だった。

それからしばらくはコンパに参加するなどして気を紛らわせていたが、あるとき突然、虚しくなって夜遊びをやめてしまった。

仕事が終わると、ひとりでマンションの部屋で過ごすことが多くなる。

(はあ……いけると思ったんだけどなあ)

ときどき、弁護士のカレとのことを思いだし、やるせなくなっていたらしい。

ある深夜、韓流ドラマを見終わって寝室にむかった。

すると窓ガラスのむこうに人が立っているのに気がついた。

彼女は「きゃッ！」と悲鳴をあげたが――よくみるとＫ太さんだった。

窓の外には立つ場所などなく、宙に浮いている。

「Ｋ太？　Ｋ太じゃん！　アンタなにしてるの？」

Ｋ太さんは返事をせず、しばらく彼女を睨みつけて消えてしまった。

それから毎日ではないが、Ｋ太さんが現れるようになった。

寝室の窓の外、鏡のなか、消したテレビの画面――。

彼女はそのたびに驚いたが、ある可能性が頭に浮かんだ。

「もしかしてＫ太、死んじゃったんじゃないの」

みっともない

K太さんが思いきって電話をしたことで、お互いの生存が発覚した。

「それじゃあアンタ、生霊飛ばしたってことじゃない！　なんなのよ！」

相変わらずのうえから目線と気の強さに、K太さんはすこし安心した。

ところが、漏れていた声を横で聞いていた恋人がキレた。スマホを無理やり奪うと
「もしもし！」と暴力団のような声をだして、K太さんを驚かせる。

「はい？　アンタ、誰よ！」

「K太の婚約者ですッ。さっきから聞いてたら、なにさまのつもりですか？」

婚約はしていない。

「生霊飛ばしてるのそっちでしょ！　なんでK太のせいなんですか！」

「はぁ？　婚約者ってお前、その男と結婚するの？　そんな退屈な男と？」

「テメーには関係ないだろッ。クソバカおんな！　未練タラタラのくせにッ」

「ク、クソバカ……お前、いまどこにいるんだよ！」

「なんだコラッ。K太のせまい部屋にいるに決まってんだろ！」

せまいとか関係ないだろ——K太さんは思った。

これ以上、細かく書くと担当編集に削られるので控える。

省略すると、みっともないやり取りが続いて、怒り狂った元彼女がタクシーでK太さんの部屋にやってきて、玄関を開けた瞬間に半分取っ組み合いのケンカ、そしてまたみっともない感じ。

やっと落ちついたころ、話しあいがはじまった。

いくつか無駄な内容の話もあった。それは「生霊など意図的にだせるのか」「お互い未練があるではないか」「K太はなぜ貧乏なのか」といったものだ。

それよりも「現れるモノは本当に生霊なのか」と「どうしたら現れなくなるのか」が考えなければいけないことだ。

話しあいの末、翌日の休日に三人でお祓いにいくことになった。

実に便利な時代で、お祓いはスマホで検索するといくつかヒットした。

怪しいところもあったので、K太さんはできるだけ大きな神社を選んだ。

三人でむかっている最中に、機嫌の悪い元彼女が「予約したのかよ」と聞いてくる、すかさず彼女が目もあわさずに「予約とか、ネイルサロンかよ」と突っ込む、みっともない争いになる前にK太さんがあいだに入る、といったやり取りをしてるうちに神社に到着した。社務所でお祓いを受けたい旨を伝えると「予約しましたか？」と尋ねられた。


境内の本殿で神主によるお祓いがはじまり、そして終わった。

肩が軽くなったとか、気分がスッキリしたといった実感がなにもない。

元彼女が神主に「あの、これでホント大丈夫なの？」とタメ口で聞く。

「はい、ご安心ください。もう大丈夫です」

はじまる前、事象や現象を説明していたとき、神主は「なるほど、なるほど」とうなずいているばかりだったので恋人も気になったようだ。

「あの……結局、生霊だったんですかね、このおんなの？」

「お前……まあいいわ。どうなんすか？　この男の生霊だったんでしょ？」

神主は三人の顔をみて笑った。

「どちらでもありません。でも、よくあることですよ。お互いのささいな憎しみや良心が生んだものと——いつもなら説明しますが、いまなら視えるので」

そういって神主は天井を指さした。

うすい煙が、まっすぐな線を描きながら天井を移動している。

まるで小さな飛行機雲のようだった。

元彼女と恋人はそれをみて、同時に短い悲鳴をあげた。

K太さんも驚きながら「……なんですか？　これ」と神主に尋ねる。

「まだいますが、もう消えてくれると思います。そうですね……キツネ、といえばいいのですかね。または、元キツネでもいいです。人のこころにつけ込むモノですよ。もっと悪いものを呼ぶこともあるので、気をつけてくださいね」

その後、K太さんも元彼女も妙なものをみることはなくなった。

そして、恋人とは数年前に結婚したが、いろいろな意味で怒らせないように気をつけている、という話である。

存在感がない

ずいぶん前にこの話を聞いたときは、本当に驚いたのを覚えている。

いまならきっと大問題になっただろう。


教室で担任が、同級生の○○さんが事故死したことをみんなに伝えた。

しかし、ほとんどのクラスメイトが、それ誰？　という反応をする。

担任は「交通事故には気をつけてくださいね」と話を終わらせて、持ってきた花瓶と花を○○さんの机に置こうとした。

だが、机がわからない。

教壇に貼りつけてある座席表を確認するが、名前が見当たらない。

「あれ……○○ちゃんの席はどこだったかしら？」

「あの、先生……それって誰ですか？」

教室の戸が開いて、隣の教室の先生が入ってくる。

「先生、すみません、○○ちゃんは私のクラスでした！」

驚くべきことに○○さんは別の教室の子だった。

「そんなことある？」とひとりの生徒が素っ頓狂な声をあげた。

クラスメイトたちや担任、隣の先生まで大笑いする。

教室の蛍光灯が数カ所、音を立て破裂したのはその直後だった。


私が「その子の名前、覚えてます？」と体験者に尋ねた。

「この話になったとき、誰も名前を覚えてないっていうんです。本当にいるんですね、不運なほど存在感のない人間が。」

どれかわからない

Ｆさんが某新聞社に勤めているころ、社内食堂の改築工事があった。

事前に掲示された新しい食堂のイメージ画は壁や天井、厨房やカウンターが白で統一された綺麗なデザインで、社員たちは完成を楽しみにしていたという。


ある日の仕事が忙しいさなか、Ｆさんは部下に頼みごとをした。

「悪いけど、客を待たせてるから、会議室にご案内してくれ」

アポの時間より、はやく来てしまったお客をＦさんは待たせていた。

会議室が空くまで、完成寸前の食堂で待ってもらっていたのだ。

「まだ立ち入り禁止だけど、さっきオレが連れていった。なかで待ってもらってる。もう会議室も空いただろ。おんなの人な。あ、失礼がないようにするんだぞ」

部下は「はーい、了解っす」と食堂に走っていった。

お客に会議室でみせる資料を急いで用意していると、部下がもどってきた。

「あの、食堂にいるお客さまって、どれですか？」

「あ？　どれって、どういう意味だよ」

「いえ、おんなの人、何人かいるんですけど、どれですか？」

「えっと確か、黒い服だったよ。何人かってなんだ？　勝手に入りやがって」

部下は「了解っす！」とまた食堂にむかって走っていく。

用意した資料がみつからず、Ｆさんはいらいらしていた。

するとまた部下がもどってきて「どれかわかんないっす」といってくる。

「なんでわかんねーんだよ」

「みんな黒い服を着ています。っていうか、黒い着物っす」

「は？　着物ってなんだよ。着物じゃねーよ。わかった、Ａさんって名前だから『Ａさんお待たせしました、こちらです』って声をかけたら、わかるだろ」

なるほど流石っすね、と部下はきびすをかえした。

しばらくして、Ｆさんが資料を持って会議室に入ると来客の姿がなかった。

（まさか、アイツ……）

まだ声をかけてないのかと、Ｆさんは慌てて食堂にむかった。

そこには人だかりができていて、騒ぎが起こっている。

「あ、Ｆさん。あいつってＦさんトコの奴ですよね？」

食堂に入ると、部下が天井から垂れたコードで首を吊っていた。


「――という話ですね。そのあと警察がきて大変だったんですよ」

「ようすがおかしいといった、前兆とか、遺書とかはなかったんですか」

「まーったく、ありませんでした。明るい性格の奴でしたし、死ぬにしてもあのタイミングはないですよ」

「食堂の入口はどんな感じでしたか？　ドアとかついていました？」

「ついてはいましたけど、床にシートが貼られていて開けっ放しでしたね」

「廊下から、食堂のなかが丸見えな状態ですよね」

「そうなんです。普通の自殺としてはおかしいって警察もいっていました」

もちろん、その部下がいっていた黒い着物の人たちもいなかったという。

もしかしたら部下の男性が明るく振舞っていたせいで、まわりが彼の異常に気がつかず、実はそうとう精神を病んでいたのかもしれないと私は思った。

ただ……とFさんは続けた。

「お待たせしていたお客なんですよね、問題は」

「食堂で待っていたはずのAさんですね。いったいどこにいたんですか?」

「彼女は移動して、一階の受付にある椅子に座っていました」

「でも一度、食堂に案内したんですよね?」

「はい、彼女がいうには、食堂で待っていると黒い着物の人たちがぞろぞろと入ってきたから、邪魔になってはいけないと思って、移動したそうなんです。いったいなんだったんでしょうね。どう思います?」

子どもなんていない

もはや又聞きだが、なぜか気になるので記録しておく。

アパート経営をしている男性から聞かせてもらった話だ。

ある夜、知りあいの不動産屋と呑みにいった。いくつかリフォームしたばかりの部屋をプッシュして欲しいという目的があったが、他の不動産屋もいて酒宴は盛りあがった。

初対面の不動産屋のDさんも同席しており、その彼が「このあいだ変なことがあった」とこんなことを話しだす。

ある日、家主から不動産屋の店舗に電話があった。

「すまんね、昨日からいきなり入院することになって。頼みがあるんだよ」

管理を任せている戸建て、空き家の雨戸を閉めてきて欲しいとのことだった。

天気は悪く、予報でも間もなく台風が上陸するといっていた。

彼は急いで、任されている物件にむかったという。

到着して庭にまわると、確かに雨戸は開いたままになっていた。

家を覗くと――なかに人がいた。

テーブルにちょこんと正座した男の子が、お茶碗をもってご飯を食べている。

「あれ？　なんで子どもがいるんだ？」

もしや家主の家族が遊びにきているのか？　家主の携帯に電話してみる。

「あの、なかに子どもがいるんですけど……」

「はっははは。子どもなんていないよ。まあ、気にしないで入ってくれ」

彼は合鍵を使って家のなかに入った。

さっきみた居間にいくと、子どもなどおらず、テーブルもない。

しかし、においがあった。

「これ、みそ汁の……におい？」

念のため台所をチェックするが、誰もおらず料理をした形跡もない。コンロにうっすらホコリがのっているのに、ついさっきまで調理をしていたような、においが家中に漂っていた。

（どこかから、みられている気がする）

だんだんと鳥肌が立ちはじめ、はやくこの家からでなければと思った。

雨戸を閉めていくが、閉めれば閉めるほど屋内は暗くなっていく。

すべて閉め終わると早足で玄関へむかう。靴をはいているとき、奥の暗がりからこちらをみている黒い人影。大きさと形からして、大人の女性だった。

もう気にせず、すぐに立ち去ったという。

忘れてない

「お前の母ちゃん、なんで死んだんだろうなあ」

「オレの母ちゃん？　風呂場で手首を切ったんだよ。忘れたのか？」

「忘れてないよ。そこに立ってるもん」

負けたくない

マラソン大会が近づくと彼は「負けられねえからな」とよくいっていた。
深夜にトレーニングを重ねたのにもかかわらず当日、心臓麻痺で亡くなった。
だが神宮球場のまわりで、いまもトレーニングは続けているようだ。
まだ負けたくないらしい。

理解ができない

S田さんが塾の講師をしていたとき、Uくんという男の子がいた。
その子は、授業がはじまる前や休憩時間にみんなを集めて話をしている。
最初は人気があるんだな、程度に思っていた。
ところが聞こえてくる声が、驚きや悲鳴に近いものばかりだ。
気になって、他の生徒たちに尋ねてみると「怖い話してるの」と答えた。
「Uくんのお母さん、ゆうれいが視えるんだって。すっごく怖いんだよ！」
そういって興奮している子もいたらしい。
母親が不思議な体験をする人で、それをUくんに話しているようだった。
（ちょっと変わった家庭なんだな）とS田さんは思った。
彼は成績も上がっているし、特に問題もないだろうと判断したらしい。

ところが、しばらくすると変なウワサがS田さんの耳に入ってきた。

Uくんの写真を撮れば、心霊写真になるというものだ。

S田さんは（なんじゃそりゃ）と笑っていたが――。

塾が終わったある夜のことだった。

S田さんに話があると、Uくんの母親がやってきた。

「お宅の塾の子がウチの子の写真を撮るんです。どうなっているんですか？」

母親は額に青筋を浮かせて、あきらかに怒っていた。

「勝手にですか？　了承もなしに、嫌がっているのに、ということですか？」

「私がいっているのは、いじめみたいな、そういう問題じゃありませんッ」

「どういうことでしょうか？」

横にいるUくんのことを気にかけるようすもなく、母親は怒鳴りはじめた。

写真を撮るってことは、どういう意味かご存知なんですかッ。

人の姿がビジョンとして焼きつくってことなんですよッ。人間の躰ですッ。

躰はゴーストが入っている箱ってことくらいは、流石にご存知ですよねッ。

入るんですよッ。エレメントがッ。

あなた教育者として自覚しているメメントはないんですかッ。

私はSNSにいつもソウルのこと、××さまのことを拡散していますッ。

何人のフォロワーが私のツイをみて感動しているか知っていますかッ。

今日はツイで3リツイート、9いいねはもらいましたよッ。

明日もツイをして、今世の汚れをクリックし消さなきゃダメなんですッ。

あなたは××さまにパニッシュされるのが怖くないんですかッ。

ノーマル下級フォマでも、アップデートしてなくてもわかりますよ、これくらいのことはッ。普通はそういうダメなことをする子どもたちを注意することによってラブフェクチャーをハイに移行して高めるのが務めじゃないんですかッ。

よくそんなので塾の講師なんかできますねッ。

私たちのアミゴのあいだでそんなことしようものなら、あっという間にスケリントンまで降格して、××さまへのエリーゼを毎晩毎晩唱えて、もとのビスコとマーチまでもどすのにどれだけ大ハードかわかりますかッ。××さまが怒っていらっしゃるんですよッ。バンジーですかッ。

特殊な単語が多すぎて、まったく理解できない。とりあえずS田さんは、

「お母さん、他の子どももいるので、怒鳴らないでください」

そう注意すると母親は、今日限り辞めさせてもらうといって帰っていった。

横にいたUくんは寂しそうな目でこちらをみていたという。


どうやらニュアンス的に××さまは神さまの名前のようだった。

帰宅したS田さんはネットでそれを検索したが、まったくでてこなかった。


翌日になって塾が終わり、帰ろうとすると。

昨日授業に参加していなかった生徒たちに「ねえ先生」と声をかけられた。

「Uくんが塾を辞めたって本当ですか」

普段ならわからないと答えるが、母親が怒鳴るのをみていた子もいる。

「ちょっとトラブルで。大人の事情だからキミたちは気にしなくてもいいよ」

「そうなんだ……やっぱり、こんな写真撮れたからかな」

そういって携帯の写真をみせてくれた。

ドロリと溶けたような、Uくんの顔のアップが写っていた。

「ね？　心霊写真でしょ？」

「はは、これは心霊写真じゃないよ。動いてブレてるだけだよ」

「違うよ、先生、私も持ってるもん」「ぼくも持ってるよ」「Uくんが撮ってもいいよっていうから撮ったら、この顔が撮れたの」「顔が溶けてるんだよお」

どの写真も、溶けたUくんの　顔

どろ　　　り

終わらない

「大変ですッ、自殺ですよッ」

また人がこのビルの屋上から落ちても。

私、ただの泊まり込みの管理人ですから対処なんてできませんよ。

霊能者はこういっていました。

「この霊は何年もここにいて、時間を巻きもどすように何度も自殺している」

霊能者はこういっていました。

私、ただの泊まり込みの管理人ですから対処なんてできませんよ。

また人がこのビルの屋上から落ちても。

「大変ですッ、自殺ですよッ」

サイトのせいじゃない

そのアパートの部屋にA間さんが住みはじめて、数日が経ったころ。

テレビを観ていると、寒気がぞくり。

寒い夜でもなければ体調も良い。いま観ているテレビもバラエティ番組だ。考えてみれば、ここに来てから夜中ときおり寒気が走り、目が覚めることがある。

なにかあるのかもと、天井から部屋の隅々まで調べたりもしたが、これといった原因はみつからなかった。

もしかして怖い部屋なのかと、スマホで事故物件サイトを検索した。

(なにもねえ……オレの気が小さいだけなのか?)

ついでに同じ街の他の事故物件をみていたせいで、本格的に怖くなった。

その夜は部屋の隅で、ゆらゆら揺れる生首の夢をみる。

（寝る前にあんなサイトみるんじゃなかった……）と厭な朝を迎えた。

何日かして、見知らぬ建設会社の社員がA間さんの部屋を訪れた。

社員は「実は私どもの会社がこの土地とアパートを買いとり、マンションを建てる計画を進めておりまして」と立ち退きの話をはじめた。

「いやあ、オレ、このあいだ引っ越したばかりなんすけど」

「存じております。その点は大変に申し訳ございません。つきましては――」

社員は退去費用として、かなりの金額を提示してきた。

新居を借りて移動する費用を差し引いても、充分すぎる金額だ。A間さんは、

「引っ越します！　いつまでに退去すればいいですか？」

いきなり機嫌が良くなった彼に驚きながらも社員は「そ、そうですね。ひと月半くらいならば、こちらも助かります」と苦笑いをしながら頭をさげた。そのあいだ家賃も無料になると聞いたA間さんは即承諾して、書類にサインした。

帰り際に社員がぼそりと、

「この部屋は前に、あんなことがあったから、ちょうど良かったですよね」

「え？　あんなことって？」

「……すみません、失言でした。ではまた後日連絡いたしますので」

さっそくその夜から、A間さんは次の物件を探しはじめた。

すると姉から電話がかかってきて「新しい生活どう？」と尋ねられる。

アパートを借りるとき、貯金が足りなかった彼は、ほとんどの金額を姉にだしてもらっていた。バイトの休みがとれず、物件の下見にいったのも姉だ。

また引っ越すことになったのを伝えると、

「面倒くさいけど、ラッキーだったじゃない」

「そうラッキーなの。しかもひと月半、家賃タダなんだぜ」

「安かったから決めたけど、その部屋ってなんだか雰囲気が暗いし」

「雰囲気暗いか？　そんなことないよ。ここはここで良い感じよん」

「気持ち悪いよ。内見にいったとき押し入れに紐とかあってキモかったし」

「……なに紐って？」

「押し入れ開けたら、先が輪っかになった紐があったの。なにコレって不動産屋に聞いたら『うわ』ってつぶやいたあと『……知りません』だって。『クリーニング入るから片付けときます』って焦りながらいってたし。（ああ、これ絶対自殺とかあったな）って思ったけど、まあ、住むのアンタだから別にいいや、って」

残りのひと月半、A間さんはビクビク暮らした。

「引っ越すまでのあいだ、寒気と金縛りと生首の変な夢以外は、特になにもなかったんでラッキーだったたっすよ」

そういって笑顔で親指を立てた。

（姉弟そろってこの性格ということは血だな）と私は思った。

悪さはしない

Jさんが生まれた日、近所に住む女性が人形を持ってきてくれた。

彼女は何年も前に娘を亡くしていたので、感情移入していたのかもしれない。

「家に子育てに必要なものがいっぱいあるから、良かったらもらって」

湯沸かし器、赤ん坊の玩具、使っていないおしゃぶり。

数日に一度、Jさんの顔をみにくるほど、女性は可愛がってくれていた。

「あの人、よく家にきているみたいだけど大丈夫か？」と父親は心配した。

「大丈夫よ。程よい距離で接してくれるし。正直、助かってるわ」

数カ月後、女性は病気で入院して、あっけなく亡くなってしまった。

そして人形が首を動かしはじめた。

どうやら部屋にいるJさんを移動させると、それをみているようだ。

動く瞬間を目撃したわけではなかったが、やはり気味は悪い。

しばらく両親は人形を処分できずにいた。

亡くなった近所の人、いわば友人の遺品でもあるからだ。

「まあ……悪さはしないだろうし……」

それでも、人形がベビーベッドに近づいたのをきっかけに処分した。ちゃんと眠っているかようすをみにいくと、格子のあいだからJさんを覗いていたのだ。

父親がリサイクルショップに譲渡したという。

それから五年後、母親が幼稚園の送迎バスがくるのを待っていた。

到着したバスから降りてきたJさんの手にその人形があった。

危害を加えない

Jさんに、その人形はどうしたのか尋ねた。

「お友だちになった。スミちゃんってなまえ！」

「スミちゃんって……」

それは亡くなった友人がよくいっていた名前だった。

『スミちゃんも生きていたら今頃は――』

『スミちゃんはこれが大好きだったのよ――』

思いだした母親は目眩《めまい》を覚える。

何度尋ねても人形をどうしたのか、Jさんは曖昧に答えるだけだった。

明日になってから幼稚園の先生に電話で聞くしかない。

夜、Ｊさんが眠っているあいだ、帰ってきた夫に人形のことを話した。

「あの動いていた人形、覚えてる？　実は今日――」

夫は真っ青になりつつも、対処を考えているようだった。

「いま、その人形はどこにあるんだ？」

「ベッドでＪちゃんが抱えてる。一緒に寝るって」

父親は「どうだろう。直接、聞いてみるのは」と真剣に提案してきた。

「直接って、いったいどういうこと？」

「いま部屋にいって、なにしにきたとか直接、人形に聞くんだ。もしかしたら」

なにか反応があるかもしれないじゃないか、と父親はいった。

母親は怖かったので、父親に任せることにした。


しばらくして、二階の子ども部屋から父親がもどってくる。

「大丈夫みたいだぞ」と笑っていた。

「大丈夫って……どう大丈夫だったの？　なんか反応があったの？」

父親が子ども部屋に入ってベッドにいくと、Jさんがスヤスヤ眠っている。

横にはあの人形が無表情な顔でJさんに寄りそっていた。父親はささやくような声で挨拶をしたあと、リサイクルショップに持っていったことを謝罪した。

そしてこんなことを人形にむかって尋ねたという。

「ぼくたちが気になっているのは、あなたがこの子に危害を加えるかどうかということです。もしも危害を加える気ならぼくたちは全力でこの子を守らなければならない。どうか、なにもしないでやってくれませんか？」


「──って聞いたんだ。なんの反応もないから、わかってくれたんだよ」

「え？　それだけ？　それで大丈夫って思ったの？」

あまりにも根拠がない見解なので、母親はがっかりした。

「大丈夫だって。あれ？　テレビ消した？　テレビ観るなら音下げなきゃ」

「……テレビってなによ？　消してたわよ」

「二階まで聞こえてたよ。お笑い番組みたいなの。笑い声が聞こえて──」

そこまでいって、ふたりともぞっとした。

約束されてない

父親はしばらく「約束してくれたはずだ」といいはっていた。

しかし、朝になって起きてきたJさんの首に小さな手形が付いている。母親は約束などされていないことを理解して、近くの寺の住職に相談することにした。

失礼ではない

住職に連絡する前に、母親は幼稚園に電話をした。

「ああ、お人形さんですか？　ええ、わかります、みていましたから」

園の先生は、人形をどうやって手に入れたのか、知っていると答えた。

「ウチの幼稚園の門のところにきていた人が渡してましたよ」

母親は「渡してた？　誰が渡していたんですか？」と尋ねる。

「中年の女性でした。怪しんで『Jちゃん。いまそこにいた人は誰かな？』って聞いたら近所のおばさんっていっていましたから、ああ、そうなんだって」

「近所のおばさん？　どんな感じのひとでしたか？」

「どんな感じですか……そうですね……髪が長くて、なんか変わった服を着ていましたね。病院の入院着みたいな服。他の先生たちもみてましたよ。みんな『なんかあの人、雰囲気が暗くてゆうれいみたいだね』っていってました。人のこと失礼ですよね、ふふっ」

離れてない

それから、ずいぶんときが経った。

Jさんは当時のことをほとんど覚えていない。

「母がいうには、人形は住職が持って帰ったといっていました。お祓いをしたあと、お焚きあげするといっていたらしいですよ。つまり、人形が私の手元にあったのは、たった一日だけなんです。すぐに離されたんで。そのあと、不思議なことはなにも起こらなくなったそうなんですが——私、その人形を小学生になってからも大事にしていた記憶があるんです。高学年になるころにはもうなかったんですが、それまでは仲良く遊んで、どこかにでかけるのも一緒で、夜は毎晩抱きしめて寝ていたんですけど、この記憶ってなんなんでしょうね？」

伝説などない

ある地方の町はずれにある貯水池では、事故が多発していた。

そのすべてが子どもの溺死という内容だったが、いくつか理由がみてとれる。

細かい理由を省くと、敷地が公園の横にあること、池がある敷地に簡単に入れること、池に柵がないことなどがあげられるのだが、事故が多いだけでその地に妙な伝承やウワサなどはなにもない。いや、なにもなかった。

メディアがとりあげたことで県庁が動き、池にやっとフェンスができた。

ところが、いつのころからか妙なウワサが流れた。

深夜になると池の水面に着物のおんなが立ち、敷地の横の道路を歩く通行人に手招きをするというものだ。近所に住む若者たちは「むかし城下町だったころ、その池で溺れ死んだお姫さまがいて、いまでも道連れを呼びこもうと手招きをしているらしい」といっていた。

先に記したがそこは貯水池で、むかしはそこに池はない。メディアがとりあげたせいで改めて注目され、新しい伝説ができたのだ。

怪談社の怪談師は、この事象にとても興味を持った。

誰かが意図したわけでもないのに、歴史が捏造されているようで面白く感じたのだ。周辺へ取材にいくと、近くに住む二十代前半のT村さんから話を聞くことができた。それが次のものである。


知ってますよ。池のこと。あの池で溺れ死んだおんなの人の伝説でしょ。

あ、いや、切り殺されて沈められたんだっけ？　とにかく着物で江戸時代に死んだ人っす。だから、あの池で写真を撮ると心霊写真になるって。こう、丸いひかりみたいなのが写るんですって。

夏に、ツレがみんなで肝試しに行こうって誘ってくれたんで行ったんすよ。

時間すか？　だいたい夜中の二時くらいっすね。

男おんな合計六人で、マジヤバいオバケいるかも、みたいにドキドキして。

公園の横から敷地に入って、網のフェンスを越えて池に近づきました。

真っ暗で、懐中電灯で照らさんと、なにも見えんかったすね。

デジカメで何枚も写真撮って、その場で確認したら丸いひかりが写ってるから「うおッ写ってるじゃん！」って、みんなで大喜びして騒いでたんす。

「どれどれ、みせて」「わ、マジじゃん！」「ヤバくない？」って。

ひとりなんか顎ヒゲを撫でながら「うん。間違いない。これ、サムライ時代の姫の魂だな」とか、エラそうに知ったかぶって。「お前、何キャラだよ！」って、みんなで大笑いして。

とにかく、何回撮っても全部に写るんですよ、丸いひかり。ヤバくないっすか。

しばらく騒いで、すべって池に片方、足突っこむヤツもいたりして。

「うっわ、やっべ！　びしょ濡れだよ、やっべ！」ってみんな爆笑（笑）

まあ、楽しかったけど、だんだん飽きてきて。

「もう飽きたんだけど、車でカラオケとか行かね？」ってなって。

フェンス越えて車までもどって。

カラオケ行って、歌いまくったあとファミレス行って。

ひとりがデジカメの写真またみてたら「でもさ、オレたちさ、池でけっこう騒ぎすぎたよな。もうちょっといたらゼッテー通報されてたよ」っていいだして。

確かに、足を池に突っ込んだヤツとかマジ絶叫してましたし（笑）

デジカメの画面こっちにむけて「ほら、ウルセーから近所の人がオレらのこと、みにきてるの、写ってるよ」って。

画面みたらフェンスの外から、子どもが網に手をかけてこっちをみてるんですよ。よっぽどうるさかったんでしょうね。ウケる（笑）

とにかく丸いひかりの心霊写真が撮れるんでスゴイっすよ。おススメっすね。

彼は過去に起こった事故のことをまったく知らなかった。

偶然じゃない

畳職人のF沢さんに「怖い話とかないですよね？」とダメもとで聞いた。

「ゆうれいとかだろ……うーん、ねえなあ」

しばらく考えて「まあ、強いていえばだよ」とこんな話をしてくれた。


あるとき、工務店から畳の張替えの依頼がきた。

すこし遠い街であり、付きあいのうすい店なのでおかしいとは思った。

話を聞いて納得した。

「孤独死だよ。発見されるのが遅くて、遺体が酷い状況だったらしいぜ」

薬物自殺をした男性の部屋での仕事だったのだ。

「むこうも他に断られまくったらしく、金額もあげてくれてたんだけど」

それでもF沢さんは気が重かった。

以前、孤独死の現場を請けたことがあった。遺体こそなかったが虫がずいぶん生き残っていて、一匹一匹が死んだ人の躰からでてきたのだと思うと薄気味悪くて仕方がない。ニオイもきつく、数日のあいだ食欲は消え失せてしまった。

「消臭剤も用意してるっていうんだ。死体用の消臭剤。便利な時代だよな」

工務店も困っていたらしいので、F沢さんはしぶしぶ了承することにした。


当日、工務店で鍵を預かり、現場にいってみると予想に反したものだった。

確かに遺体は酷い状態だったようで、人型の濃い染みが畳にある。だが前に請けた現場に比べるとマシなほうだ。死んだ虫が数匹落ちているくらいで、ニオイもそこまで残っていなかった。

F沢さんは安心して作業をはじめた。

畳は全部で六畳、事前に聞いていたサイズだが念のため正確に計ってみる。

問題なさそうだったが、腐ったたんぱく質で傷んだ畳はタチが悪く、めくるとバラバラに分解していき、また部屋を汚してしまうものも珍しくはない。

丁寧にめくっていき玄関から外にだしていく。丸出しになった床板もそこまで傷んでおらず、念のため防虫防腐塗料を塗りなおした。

完全に乾いたのを確認して、調節しながら畳を入れていく。

思ったよりスムーズに作業は終わった。

F沢さんは（楽勝じゃねえか、この部屋）と掃除をはじめる。

終わるとゴミ袋を片手に玄関へむかい、落ちていた郵便物を拾った。

おそらく亡くなった住人の名前であろう「M下昭吉さまへ」と書かれてある。

（あんたM下って名前だったのかい。成仏しなよ）

鍵をかえすついでに工務店に渡そうと、ポケットに入れて部屋を施錠した。

外に置いてあったままの畳を、崩れないよう慎重に一枚ずつ軽トラの荷台に運んでいく。躰の染みがハッキリとわかる畳を運ぶとき、裏になにかが書かれてあるのに気づいた。そこには赤い筆のような文字で、
享年五十九　M嶋昭吉
F沢さんは首を傾げたが、そのときはあまり気にしなかった。

畳をすべて載せて軽トラに乗りこむ。

運転をしながら考えていると、なんだか名前のことが妙に思えてきた。

（名字は違うが名前は同じで——いや、その前に享年って、なんだ？）

M嶋という人が作った畳だったとしても「享年」と書く理由がわからない。なぜ、畳の裏にそんなことを書いたのか。考えると気持ちが悪くなってきた。

突然、クラクションの音が響いてくる。右をみると、乗用車がF沢さんの軽トラに突っ込んできた。F沢さんは「うおッ！」と慌ててブレーキを踏んだが間にあわず乗用車は荷台にぶつかり、軽トラは激しく回転して反対車線のガードレールに叩きつけられた。

「信号無視。お互い怪我はなかったけど、載せた畳も散らばって大変だよ」

もろくなっていた畳はバラバラになって散乱していた。躰の染みが酷かった畳はそこまでは分解してなかった。吹っ飛んだあと半分に折れて、たまたまそこにあった店の前に、立てかけられるようにして止まっていた。

「その店の名前がM嶋商店。なんか偶然じゃない感じがして、気味が悪いだろ」

取材にならない

取材で怪談を集めるにあたって「話を聞きながら組み立てる」という作業が必要になってくる。だが、組み立てる気が起こらないというか、組み立てかたがわからない話もあるのだ。これもそのひとつで、あえて掲載することにした。

会話は記録したそのままである。読者の皆さんにも是非解読して頂きたい。


Mさんという四十代後半の女性と待ちあわせをしていた。

場所は指定された喫茶店だ。彼女がやってくると高齢のマスターが注文をとりにきたので、珈琲を頼んだ。

「私の母の話なんですけど、それでもかまわないですか?」

「もちろんいいですよ」

「ゆうれいをみてから顔が麻痺したんです。こう、左半分が垂れるように」

いきなり結論を話す人はよくいる。

私は話の全貌をつかむため、ゆっくりと聞きだすことにした。

「ほう……ゆうれいをみたのはいつごろですか」

「結婚して私が生まれる前だったので、三十代前半くらいだと思います」

「それは、どこで？」

「寝室ですね。寝室でゆうれいをみたといっていました」

「寝室ということは旦那さん、Mさんのお父さんが横で寝ていたんですか？」

マスターがトレイに珈琲をのせて持ってきた。Mさんは黙って、目の前に珈琲が置かれるのを待っている。マスターは珈琲を置くとなにもいわずにテーブルを離れていった。

それを確認してからMさんは話を続ける。

「いいえ、お祖母ちゃんが一緒に寝ていたそうです」

「ん？　お祖母ちゃんと寝室が同じだったんですか。仲が良かったんですか」

「いいえ、仲良くはなかったと思います。悪かったと思いますよ、きっと」

「仲は悪いけど寝室は同じだった。なぜでしょう？」

「さあ？　お祖母ちゃんはなんでも勝手に決めてしまう人だったので」

「お祖母ちゃんが決めたんですね、寝室を。でも仲は悪かった」

「かなり主権がある人だったので。みんなお祖母ちゃんのいうこと聞いてました」

「なるほど。その寝室でゆうれいをみたと」

「いいえ、違います。その寝室ではありません。私の寝室です」

「ん？　私の寝室？　あれ？　そのとき何歳でしたか？」

「私ですか？　さっきいった通り私はそのとき、まだ生まれていません」

「生まれてなかった。でも寝室はあった。どういうことでしょう」

「叔母さんが、私が生まれたときのために部屋を用意していたんです」

「叔母さんがいましたか。当時の家族構成はお祖母さんとご両親、そして叔母さんの四人家族だったんですね。その叔母さんが部屋を用意してくれたと」

そのときカバンのなかで震えていたのか、Mさんはスマホをとりだした。

「ちょっと待ってくださいね……もしもし。はいはい。あ、それ持っていってね」

三分ほど話したあと、電話を切った。

「すみません。どこまで話しましたっけ？」

「えっと、部屋を用意したのは叔母さんってところです」

「そうそう。叔母さんとお祖母ちゃんは仲が良かったんですよ。だから意見が通ったんですね、きっと。古い家でしたが広かったし、部屋は空いていましたから」

「なるほど。Mさんの部屋になる予定だったその部屋で、ゆうれいをみたと」

「部屋というか……まあ、そうですね。そういうことになります」

「どんなゆうれいだったと仰ってました？　男？　おんな？」

「どっちなんでしょうかね。ハッキリとはちょっと」

「その前にその部屋でなにをしていたんでしょうか？」

「お経を唱えていたそうです。家をつぶしてマンションが建ってましたから」

「マンション？　一戸建てじゃなくてマンション？　でもさっき……」

「マンションを建てたのは私の寝室だけです」

「……寝室にマンションとはどういうことでしょうか？」

「ウチの空き地を使ってマンションを立てようとしていたんです。すぐとなりの空地でした。柱を建てるのに私の寝室が邪魔だったそうで。つぶしたんですよ私の部屋を。お祖父ちゃんは反対したといってました。縁起が悪いからって」

「お祖父ちゃんもいましたか。つまりMさんの部屋になる予定だったその寝室だけをつぶしてマンションを建てた——あれ？　ゆうれいをみたのはどこでした？」

このとき、私はかなり混乱しはじめていた。

Mさんはまたスマホをみて「ちょっと、すみません」と電話をはじめる。

このとき私は一生懸命、話をまとめようと努めていた。

「すみません、ちょっとバタバタしていて」

「いえいえ。すみません、お忙しいときに。ちょっと整理したいのですが、家族はお祖母ちゃんとご両親と叔母さん、そしてお祖父ちゃんの五人家族ですよね」

「いいえ、違います。八人家族です」

「家族が増えた！」

私が引っくりかえりそうになっていると、突然Mさんはマスターに怒鳴った。

「ちょっとお父さん！　もう時間よ！　はやく店を閉めてよ！」

「お父さんだった！」

「あの、すみません、急な用で時間がないので、もう知っていることだけをまとめて話してもいいですか？　ようするに母はお祖母ちゃんが亡くなる前、お祖母ちゃんにいわれて、寝室のあったところにお経をあげにいったんです。マンションで部屋を取り壊すのが決まってから、いろいろと変なことがあったんで。お祖父ちゃんは反対していたのにお祖母ちゃんがマンションの話を進めたから悪いって、ずっといっていたらしく。お祖母ちゃんも叔母さんも叔母さんの恋人もお祖父ちゃんの反対に全然耳をかさなかったんです。そもそもお祖父ちゃんはマンション建設をずっと邪魔してたんですが、叔母さんの恋人には子どもがいて、その子どもがお祖父ちゃんに懐いてたのを利用してお祖父ちゃん言い負かされちゃったんです。まだ孫の顔もみていなかったので可愛くて仕方がなかったんでしょうね。そのあと、お祖母ちゃんが入院して、お祖父ちゃんは、ほら、いわんこっちゃない、もともとウチにはもうひとり家族がいるんだってワケわからないコトをいいだしたらしくて。入院したお祖母ちゃんも音をあげて母にお経を唱えるようにいったんです。それをしたら自分にかえってくるのがわかっていたからしなかったんですけど、しなくても躰の調子が悪くなって、このままじゃあダメだとわかったみたいなんですね。母も躊躇したみたいですが、そのとき私を身ごもったかもしれないというときだったんで頑張ろうと決めたみたいなんです。父はあの通りむかしから大人しくて無口なんで、ただみていただけみたいですけど。結局お祖母ちゃんもそのまま亡くなってしまうんですが、そのときはまだ意識不明になる前で助かると思っていたみたいです。お経を唱えている最中に地面からいくつもの顔が湧きでたけど、それでも唱え続けたら母の顔がだらりと垂れてもどらなくなったって話なんですよ」


そのあとMさんたちは、呼びだしたタクシーがくるのを外で待っていた。

「すみません、バタバタしてしまって。これから葬式なんです」

私は疲れていたので「そうですか」としかいえなかった。

タクシーが到着して、Mさんと父親が乗りこむ。

「家に帰って着替えないと……家族九人だけの小規模な葬式なのですが」


増えてる。

練習ができない

「これ見てや。怪談なんて集めて書いている人の本。友だちやねん」

友人が実家で本を読んでいたとき、祖父に私の本をみせた。

祖父は「怪談やと？　そんなもん、やらんほうがええ」と次の話をしてくれた。

彼がまだ若いころ住んでいた村でのことだ。

山に囲まれた地方だったので交通の便が悪く、村からでたことのない者もいるほど田舎だった。娯楽と呼べるものはなにもなく、季節ごとに地芝居を開演したり、のど自慢を開催したりなどしていた。

ある夏、祖父は夏祭りで怪談語りを披露することになった。

怪談といっても、この本のように書き記しているようなものではなく、むかしから演じられている演目である。都会にでたことのある村人が持っていた落語のテープにあった「四谷怪談」をすることになった。

ラジカセとテープを何度も聞いて紙に書きおこし、内容を頭に入れていく。家だと集中できないので、公民館を借りて毎夜ひとり練習していた。

ある夜、練習していると近所のおばさんが差し入れを持ってきてくれた。おにぎりを頂いていると「あんたがここにいると、なんか変やねん。妙に外が騒がしくてかなわん。特に今夜はひどいわ」といいだした。

おばさんの家は公民館から十メートルほど離れている。

いつも怪談の練習をはじめると、微かに演じている声が窓の外から聞こえてくる。それに混じって、ざわざわと何人かが話すような声も聞こえてくるという。

日に日に声が増えているような気はしていたが、今夜はかなり多く感じた。開けた窓から顔をだして、周囲を確認しても誰もいない。

眠れないので差し入れでも持っていこうと、おにぎりを作ったのだという。

「怖い話してるから、この公民館のまわりに集まっとるんちゃうか」

そういっておばさんは笑っていた。

祖父は（安心して練習できへんがな……）と怖くなった。

それから数日後、いつものように祖父が練習をしていると。
なにか聞えたので練習を止めて、耳をすます。
微かだがとん、とん、と入口のドアを叩く音が聞こえた。
時計をみると午後十一時をまわっている。
（こんな時間にだれやろか？）
立ちあがり、入口にむかって進むあいだもドアは叩かれていた。
返事をしながらドアを開けた。
大勢の人たちが公民館の前に集まっていて、じっと祖父をみていた。
腕をだらりと垂らして立っている。
だが彼らは祖父と同じように、すこし驚いているような表情をしていた。
「すみません、うるさかったですか」
祖父は慌てて頭をさげる。
そしてあげたその一瞬で、いまそこにいた人たち全員の姿がない。

まるでふっとロウソクを吹き消すように、いなくなっていた。

(そんなアホな)とまわりをよくみるが、影も形もない。

背中に冷たいものが流れるのを感じていると、離れた家から人がでてきた。

差し入れを持ってきてくれたおばさんだった。

小走りでやってきたおばさんに祖父はいまみたものを説明しようとした。

「あの、ぼく、いまここに……」

「いま、窓からみてたんやけど、ぎょうさん人、ここにおったよな」

真っ青な顔でそういっていたという。

間にあわない

父親が危篤と連絡があったT也さんは病院へ車を走らせていた。

何度も母から急ぐように電話があったが、事故渋滞に巻き込まれてしまう。

(ダメだ、間にあわん……車でくるんじゃなかった)

車はまったく動かず、渋滞の列はどこまでも続いている。もしや他の道があるかもとナビで調べてみるが、これといって良いルートはみつからなかった。

ため息をついていると後部座席の窓をノックされた。

振りかえると、杖をついた着物姿の老人がにこにこした顔で立っている。

老人は後部座席のドアを開けて「はい、こんばんは」と挨拶をした。

「お前さん、もしかして、急いでいるんじゃないか?」

「……え? あ、はい、かなり急いでいます」

「良かったら近道を案内してやる。病院じゃろ？　間にあうかもしれんぞ」

「いや、この状態なんで、進まないっすよ」

なぜ自分の目的地が病院とわかったのか不思議だった。

「大丈夫じゃて。どうするね？　案内いるかね？」

このまま間にあわないのなら、この変な老人に賭けるのも面白いと思った。

「……じゃあ、お願いします」

「それじゃあ、前の席に座らせてもらうぞ。ええな」

老人は後部座席のドアを閉めて、助手席に乗りこんだ。

「それじゃあ、出発しようか。まず、ほれ、そこの駐車場に入るがいい」

「……はい？　駐車場ですか？」

「そう、駐車場じゃ。まあ信じなさい。前の車が動いてからでええわ」

T也さんは呆れながらも前の車が進むのを待ち、左折して駐車場に入った。

「よし。そのまま奥に進みなさいな。ぶーんと進むんじゃ、ぶーんと」

「いや、マジでぼく、急いでいて……あれ？」

駐車場の奥は抜けることができるようになっていた。

「そう、そう。道を左に曲がればよきかな、よきかな」

「左？　反対にいっちゃうんですけど。どこの病院かわかっているんですか？」

「中央病院じゃろ？　お前さんがむかっているのは。いいから信じなさい」

老人は鼻歌でも歌いそうな口調で軽く指示をだす。

（まあ、いいか。どうせ間にあわないし。ジジイに従うのもありかも）

「そうそう、ジジイに従いなさい。ダメでもともと、みぴょこぴょこじゃ」

老人は「次は右」「そのままっすぐ」「次は右じゃ」と案内していく。

遠回りで違うところに連れていかれると思ったが、ナビが確実に病院に近づいている
のを示していた。

「そうそう、いま九時十分。まだ四十七分もある。平常心で臨みなさいな」

「このペースだと本当に間にあいそうです。道にお詳しいのですね」

「そうじゃろうて。道とは人生なり。平常心とは道のことなり、ってな」

「父親に逢いにいくんです。いま危篤でもう死ぬみたいなんで」

「ヒロシはいいヤツじゃ。たまにはワシもちょっとは恩返しせんとな」

老人はどうやら父親の知りあいのようだったが、意味のわからないことばかりいって

いた。それでも彼のおかげで病院に辿りついた。

時間は九時四十一分だった。

「ありがとうございます。あの、これ、タクシー代です」

「いらんいらん。いいからはやくいってやれ。二〇六号室、あと十六分」

老人は車を降りると「平常心でな」と手を振ってどこかにいった。

T也さんは走って病院に入ると階段をあがり、二〇六号室に駆け込んだ。

「親父ッ!」

父親は酸素マスクをつけていたが、にっこりと微笑んだ。

そして九時五十七分に亡くなった。


病院の外で涙をぬぐっていると、兄がやってきた。

「お前、よく間にあったな。偉いぞ」

「ああ、なんか変なじいさんが車に乗ってきて道案内してくれたんだ」

「変なじいさん?」

「うん。多分、親父の知りあいだと思う。名前も知ってたし」

「……いったい誰だろう。母ちゃんにも心当たりないか、聞いてみようか。でも良かったな。親父、あんなに嬉しそうに死んでいくなんて。ホント」

その後、母親にも関係者にも尋ねたが、老人の正体はわからなかった。

母親は「それって、神さまじゃないの？」と笑った。

「お父さんって、ほら、家の近くの神社とか好きで、時間があったらよくいっていたし。今度お礼いいにいかなきゃね」

後日、T也さんは母親と兄、三人で父親が好きだった神社にいく。

そこは足の怪我や病に効くとされている神さまが祀られていた。

社務所を覗くと「平常心」と書かれた額が飾られていた、という話だ。

ヤバくない

「なあ、変な写真アルバムあるんだけど、ちょっとみてくれよ」

「なんだそのはじまり。変な写真ってなんだよ？　エロいやつか？」

「まあ、ある意味エロいよ。裸だし」

「わ。このうっすいノートみたいなアルバム、親が持ってるわ」

「ちょっと古いやつなんだけどさ。みてよ。裸だよ」

「お、裸か……って犬の写真じゃん。これなんだっけ？　ポメラニアン？」

「うん、多分、ポメラニアンだと思う」

「へえ、可愛いもんだな……あれ？　この家って犬飼ってたっけ？」

「飼ってない。このアルバム、拾ったんだよ、そこのゴミ捨て場で」

「お前なんでも拾ってくるな。このギターもそうだし」

「いいから。それ十数ページくらいだからパラパラめくって、ちゃんとみて」

「みてるよ……ん、この写真、なんだ？　真っ黒じゃん」

「そうなんだよ、真っ黒なんだよ、そこから全部」

「最後のページまで真っ黒じゃん、写ってないよ、なんにも」

「みた？　じゃあ、いっかいアルバム閉じて」

「え？　閉じるの？　はい、閉じたよ」

「それじゃ、もういっかい最初っからページめくってみて」

「ん？　なんなの？　手品？」

「手品みたいなものだよ。ああ、ゆっくりちゃんとみて」

「みてるってばよ。可愛いなあ。ひとり暮らししたら絶対に犬、飼う」

「犬なんて面倒くさいよ。散歩もいかなきゃなんねえし」

「いいじゃん、散歩くらい。でもオレの彼女、猫派なんだよなあ」

「犬じゃないほうが良かったかも。お、また真っ黒写真のトコまできたな」

「うん、さっきと同じ安定の真っ黒だな」

「最後までみた？　じゃあ、もういっかい閉じて、また最初っから」

「なんだよ、面倒くせえなあ」

「ゆっくり、ほら、気づかないか？　ゆっくりめくって」

「なんに気づくんだよ。さっきと一緒。ぜんぜん変わんねえっつーの」

「もっと集中しろよな。お前高校のとき、もっと集中できる子だったぞ」

「なんだよ、集中できる子って。学年ビリだったじゃねえか」

「ほら、また真っ黒い写真がきたぞ。わかるか？」

「なんか変わってるのか……って一緒だよ。ただの真っ黒。ヒントくれ」

「いや、集中しろって。ほら」

「集中ってどうみても一緒じゃん。なにも変わらん、ただの真っ黒写真」

「バカ違うって。写真じゃなくて。ほら、足音が聞こえね？」

「え？　足音？　ん……あれ？　お前の母ちゃん、帰ってきたの？」

「まだ仕事だよ、帰ってきてねえよ。聞こえるだろ、一階から……」

「……ホントだ。聞こえる。なんかカチャカチャ、変な足音」

「それ、アルバム、全部みて。そうそう。じゃあ、もういっかい閉じて」

「……閉じた。また開けばいいのか？」

「うん、最初から、ゆっくりと。そうそう。ほら、足音大きくなったろ」

「……この足音って、犬だよな」

「ああ、オレもそう思う。犬がしたの階にいるよな」

「ポメラニアンが頭に浮かんでんだけど、そうなのか？」

「オレも最初はそう思ったよ。ページ、ゆっくりめくって進めて」

「カチャカチャって足音、大きくなったけど、この音って違うくね？」

「そうだろ、ポメラニアンじゃないよな。大型犬っぽい？」

「うおッ、また大きくなった。なんなのこれ？」

「そのアルバムめくると、なんかパワーアップするんだよ、犬の足音」

「犬なんていないのにか？　なんなんだ、このアルバム」

「呪いのビデオだよ。いやビデオじゃねーか。呪いアルバムだよ」

「の、が抜けてるぞ。すげーこんなのあるんだ。世のなかヒレーな」

「まだまだオレたちの知らないことに溢れてんよな」

「でもなんか、そろそろ気味が悪くなってきた」

「そうなんだよ、気味わりーだろ。写真のポメラニアンこんな可愛いのに」

「また真っ暗のところまできたぞ。音もデカくなったし」

「すげえだろ。どんどん大きくなるべ。一階に親いると聞こえんけど」

「アルバム終わったぞ。すげえ、もう間違いなく犬いる音じゃん。足音だ」

「面白かっただろ。なんとかして売れねえかな……って、お前また開くの?」

「どこまで大きくなるか、試さなきゃイカンでしょ」

「イカンことはないだろ。オレもこれ以上はやったことねえぞ」

「すげえ、怖いけどオレはやるね。なぜなら、集中できる男だから」

「いまこの場において集中とかマジ関係ねえ。うおッ、足音絶賛増量中」

「どんどん、めくっちゃうよん。あ、なんか手、震えてきた」

「なんかオレ、ちょっと息苦しくなってきたんですけど」

「き、恐怖に負けるな。こ、これを乗り越えた先に財宝が待ってるんだよ」

「お前、どこの海賊団だよ。な、なんかすげえ寒くもなってきたゾ」

「足音、は、走ってるよ。ふええ、怖えなあ」

「……あれ? あれれ?」

「……おや? おやおやおや?」

「きてますね、博士。これきてますね」

「きてるな……階段、あがってきてるな、二階にこれるんだ。知らなんだわ」

「ということは？　ということは？　ということは？　博士？」

「この部屋にむかって……うお、息が聞こえる。これって……」

「犬、大型犬……というより、怪獣ブレスですね」

「私は多少ですが危険を感じております。いかがでしょう。鍵閉めますか」

「そうですね、閉めますか」

「閉めた、鍵閉めましたか？」

「はい、ロックしました。ウィーウィルロックユーです」

「うわあッ！」

「おわああッ！」

「ど、どうする！　叩いてるぞ！」

「すげえ凶暴な感じだ！　どうする！　窓から脱出しますか？」

「高いですか？　骨折するほど高いですか！」

「いいえ！　ちょっと屋根があるんで！　そこから塀に移動すれば！」

「逃げましょう！　これは勝てない感じの迫力です！　逃げましょう！」

「では迅速に行動を！」

「危なかったな。マジで怖いわ、あの犬」

「恐ろしい体験をしました……舐めてましたわ。うわ、足痛え」

「靴下だけですからね。布の服と同じ防御力です」

「っておい、なにアルバム持ってきてるの、お前」

「え？　いや、マジで慌ててたから、ソーリー、ソーリー」

「しっかし、そんな恐ろしいものを我が部屋に置いていたとは。ヤバくない？」

「どこかで捨てていきましょうぞ……あれ？　ははっ、アレみろよ」

「ん？　このうえ、まだなにか起こりますか？」

「すげえデカい裸のおっさん。犬みたいに走ってくるよ、ハアハアこっちに」

消火してない

焼けた工場は、全焼だったのに片付けが進まず三年も放置されていた。

なぜか二カ月に一度のペースで悲鳴が響き渡っていた。

焼死した従業員もいるので、断末魔の声が繰りかえされているのかもしれない。

民家までかなり距離があるが、やっぱりそれは聞こえてくるらしく、耳にした人のなかには通報してしまった者もいる。

Aさんは一度、友人と工場の近くにいるとき、その声を聞いたことがある。

（確かに通報するな）というレベルの、燃えているような大絶叫だったという。

乗りたくない

仕事でよく新幹線を利用しているK西さんの話だ。

新幹線に乗って座席をみつけて腰をかける。発車して間もなくすると、

「うーッ、うーッ、うーッ」

苦しみ悶えるような声がすこしずつ、通路から近づいてくる。

(うわ……今日は聞こえる日か)

ため息をついて時計をみるが、どう考えても乗り換える時間はない。

(乗り換えたら大丈夫なんだけどな……はあ。いったいなんだよ)

これが彼の悩みだった。

声は通路から近づいてきて、K西さんの真横までやってくる。新幹線に乗ると時々、声を延々と聞きながら過ごさなければならない。聞こえた最初のころは大騒ぎをしてい

たが、そのうち自分にしか聞こえていないとわかり、病院までいったこともある。やはり原因不明であった。イヤホンをして音楽を聞きながら寝ていれば気にならないのだが、曲が終わった合間に「うーッ、うーッ」という声を聞くと、驚いて余計に目が覚めてしまう。

(毎回じゃないのが逆にウザいよなあ……でもこの声いったいなんだろ)

眉間にシワをよせながら(……あ、そうだ)と友人との会話を思いだした。

「ゆうれいがみえる知りあいにあったよ。そういうの本当にいるんだな」

友人がそんなことをいいだした。そのいいかたからK西さんは、彼が霊を信じているということがわかり、新幹線のことを話してみたのだ。

「なあ、どう思う? 新幹線だけだぜ」

「乗り換えたらついてこないのか、その声。ってことは列車番号だろ。ほら、のぞみ○○号とか、番号ついてあんだろ? もしかして声が聞こえる新幹線って、番号が同じじゃねえの?」

「ああ、そういうことか……考えたことなかったわ」

「今度、聞こえたとき、番号メモっとけよ。また同じ番号のときに聞こえたら」

「その列車番号の新幹線を避けたら解決ってワケか」

（忘れてた……この新幹線の列車番号は確か……）

K西さんはポケットから乗車券をとりだして番号を控える。

（三ケタか。のぞみ、○○○号……と。これでよし）

イヤホンのむこうから声は聞こえていたが、無視して東京へもどった。

数カ月後、同じ新幹線で声が聞こえ、思わず「よし！」と声をだした。

以来、その列車番号の新幹線には乗っていない。

それどころか、このことをきっかけに他の番号にも詳しくなって、いまではどの番号がどこを走るのかすべて覚えてしまったらしい。

声はなんだったのか、なぜ聞こえていたのかは不明のままだという。

語らない

怪談社の怪談師が沖縄へ取材にいった。

七年ほど前、男性は祖母であるMさんのお見舞いにいった。

余命宣告の時期は過ぎて、躰は弱っていたが意識はハッキリしていた。本人は思い残すことはないといっていたのだが、病室にきていた彼とおしゃべりをしていると、ちょっとだけ話を聞いてくれと戦時中の話を語りだした。


沖縄にはガマと呼ばれる洞窟がある。

むかしは墓として使われた鍾乳洞だが、戦時中は防空壕としての避難場所や病院、軍人たちの基地として使用された。

アメリカ軍が上陸してから、Mさんもガマで生活をすることになった。

そこにはあまりに凄惨な日々が待っていた。

昼間の時間帯はアメリカの艦隊の凄まじい攻撃を受け、日本兵が次々と逃げ込んできた。腕や足のなくなった者が多く、傷口から虫が湧き、唸り声を押し殺して亡くなっていった。水と食料はあっという間に底をつき、調達にいくものを順番に選んでいくが帰ってこない者もたくさんいた。近くのガマがアメリカ兵にみつかったらしく、発砲音と何十人もの悲鳴が届いてきた。全員、息を殺して身をひそめる。灯りのない闇のなか、優しかった村人たちの目はさらに暗く沈んでいった。飢えと死への恐怖で誰も口を開かず、静まりかえったガマ。赤ん坊が泣きだそうものなら家族ごと外に追いだすか、その場での死をみんなで強要した。

ある昼間、Mさんと友人は日本兵に水を調達するよう指示された。顔を見合わせて震えたが、いまなら食事の時間だから大丈夫だといわれた。事実、アメリカ兵は昼食と夕食の時間は砲撃をしなかった。彼らにとってはリスクのすくない戦いだったのだ。

おそるおそるガマの外にでていく。なかは糞尿と腐っていく傷のニオイでいっぱいだったので風が気持ちよかったが、楽しんでいる余裕などない。

震えながら草陰に飛び込み、まわりのようすを確かめた。

水のあるほうへ、ほふく前進しながら川まで移動する。

錆びた容器で水を汲む前に自分たちの渇きを癒した。

友人が泣きだしそうな目で、これから私たちはどうなるのかと聞いてきたが、Mさんは静かにするよう促した。

その瞬間、乾いた破裂音が聞こえ、友人の膝から骨が突きでた。「ぎゃッ」と声をあげて引っくりかえり自分の骨をつかむ。その手のあいだから真っ黒い血が噴水のように吹きでた。

なにがおこったのかわからず、Mさんが呆然としていると背中にタンクを背負ったアメリカ兵が目の前までやってきた。鉄砲をむけてなにかを叫んでいる。

痛みと恐怖で叫ぼうとした友人は撃たれ、頭頂部から脳が飛びだした。

逃げなければとわかっているが、躰がまったく動かない。

アメリカ兵はMさんに鉄砲をむけて、

「ドコッ！　何処ニイタッ！」

日本語で怒鳴っている——どうやらガマの場所を聞いているようだ。

がくがくと震えながら、うしろの道を指さす。アメリカ兵はさされた方向に目をやるとMさんの首をつかんで進むように指示した。身長の高さに驚いた。

頭のなかは真っ白で、死にたくないという思いだけがあった。

まっすぐに進んでいくと、ガマに到着してMさんはなかを指さした。

アメリカ兵は顔の前で指を立て（静かにしろ）と無言で伝えた。

そしてMさんの首を離して（あっちにいけ、消えろ）という動きをする。

ぱっと弾けたように走って、Mさんは草むらへ飛びこんだ。

（近所の人たちも、友人たちも、父も母も弟たちも、みんないるのに――）

草陰からガマの入口に立つアメリカ兵を震えながらみていた。

彼は腰につけていた手榴弾を手にとると、ピンを抜いてガマに放り込んだ。

ぼんッという音がして、大量の煙がでてくる。担いでいたタンクから伸びる火炎放射器をかまえて、ガマに炎を吹きこみはじめた。あれだけ闇のなか、

「危なかった。助かったね。あっちのガマで良かったさ」

「アイツうるさいな。黙らせないと、みつかるんじゃないのか」

「こいつのせいで死ぬかもしれんさ。ええ。はやく黙らせろ」

「母親だったら、お前が殺せばいいさ。じゃないとこっちが死ぬかもしれん」

ささやくような声で恐ろしいことを語りあっていた人たち。

彼らの絶叫は、数秒で消えてしまった。


そのあと捕虜となり、広場に収容され、終戦を迎え、解放される。

親せきに引きとられたMさんは、しばらく声をだすことができなかった。


それから数カ月が経った。

ある昼間、アメリカから配給された缶詰を持って帰る途中、手をふる人影がある。目を凝らすと——目の前で頭を撃たれ亡くなった友人だった。生きていたのかとも思ったが、そんなわけはない。森に入った友人をMさんは追いかけた。

すると数カ月前に隠れていたあのガマが現れた。

真っ黒に焼けた入口からは焼け焦げたニオイが漂っている。

よくみると、たくさんの人たちがMさんをみていた。

自分の家族は確認できなかったが皆、無表情で——悔しさも哀しさも感じられない。

闇のなかでなにも語れず「みているだけの存在」になった感じがした。

Mさんはその場をすぐに立ち去り、ただ（ごめんなさい、ごめんなさい）とこころのなかで謝り続けた。

Mさんは病院のベッドで話し終えた。

このことは息子たちにも亡くなった夫にもしていないという。

「最後、誰かに聞いて欲しかったさ。戦争の本当の怖さは人の怖さよ」

そうつぶやいた彼女は、それから四日後に亡くなったという。

日本の戦争体験者のなかでも、沖縄の人はなかなか体験を話そうとしないところがある。その理由がMさんの話に含まれているように思えてならない。

別れてない

また別れた彼女からメールが届いた。

【もう一度連絡をくれっていってているのにどうして無視するの私たちはもっと深い関係だったじゃない好きだったのにこんなことするなんてこのひとでなし】

なにをいっても通じないので、無視するしかないから連絡しないのだ。

別れた理由は、普段から自分の話しかせず、こっちのいうことは否定して考えや事情ばかり押しつける彼女に、くたくたに疲れてしまったことが原因だ。しっかりそれを伝えると「そんなことはない」と否定してくる。

一方的に届くメールを読んでいる限り、別れたのは間違ってなかったと思える内容ばかりだ。

もうメールの着信を拒否するしかないな、と思っていた。

ある夜、届いたメールのタイトルは「いまから呪うから」だった。

動画ファイルが添付されているので厭な予感がした。

再生すると、いきなり血まみれの彼女が立っていた。こんなもの、演出しようと思えば、血のりなんか使って簡単にできる。ホントに信用できないオンナだ。

『ビルから飛び降りたんだけど、死ねないからもういっかい飛び降りるね』

はいはい、もういっそのことホントに死んでくれよ。

『私たち別れてないから。カノジョ大事にしないアンタを呪ってやるから』

そこで動画は終わったが、すぐにまたメールが届く。

タイトルは「いまから呪うから2」。安いホラー映画の続編のようだった。

再生した映像をみて「え?」と声をだしてしまった。

さっきと違ってアップではなく全身が映っている。

そして場所はどこかの屋上のようだった。

『それじゃあいきまーす、待っててねー』

柵を乗り越えて画面から消える彼女と、誰もいない屋上で動画は終了した。

いや、待て、騙されるな。
これが本物だったなら、いったい誰が動画をオレに送ってきたんだ。
「……絶対フェイクだよ、フェイク。マジでうぜえな」
そのとき、部屋の窓ガラスを優しくノックする音がした。
部屋はマンションの六階、立つところなんてない。
次はすこし乱暴なノックが聞こえてきた。

この席じゃない

Y彦さんが公園にある喫煙所で、スマホを片手にSNSをみていた。

「Y彦？　お前、Y彦だろ！」

男性が彼に手を振りながら走ってくる。

あまりに大きい声と動きに、Y彦さんは苦笑いを浮かべた。

「Y彦！　良かった、お前こんなところにいたんだ！　良かったッ」

「……ああ、その、うん。オレも良かった」

「ヤバいよ！　オレなんか変なことに巻き込まれてさ！　マジ、ヤバいの！」

「変なこと……変なことって？」

「やっぱりあんな心霊スポットいくんじゃなかったよッ！　いやマジでさッ！」

「あの……ごめん。ちょっと声、大きい」

男性はごめんッ、と声をすこしだけおさえて、

「一緒にいった廃病院、覚えてるだろ？　いったよな、二週間前にさッ」

「ああ、いった、いった」

「あの場に、ほら、おんなの子、三人とD、一緒にいたじゃん！」

「いたね。山のうえの廃病院でしょ？」

「そうだよッ。ああ、良かったッ。いや実はさ、あのあと、みんなでファミレスいったけど、オレ先に帰ったじゃん、ハンバーグ喰わずにさッ」

「うん、うん」

「そんでさ、おんなの部屋に帰ったら、なんかよくわかんないけど警察呼ばれたの、ストーカーとかいわれてッ」

「ストーカー？　お前ストーカーなの？」

「違うよバカッ。そんで、おんなにワケわかんないこといってんじゃねえッってキレたら、そのまま捕まっちゃって。警察も帰してくんないの、本当の名前いえとかいって！　実家に帰っても、みんなビビりまくってまた警察呼ばれて、仕事場いっても同じで。誰もオレのこと覚えてないの！　マジでヤバい……あッ！」

目の前の道路にパトカーが停車した。

すぐに彼は走り去っていき、降りてきた警察官はそのあとを追っていった。

Y彦さんは唖然としながら「……誰だ。あいつ?」とつぶやいた。

男性が何者かはわからなかったが、確かに二週間前、男性が話していたメンバーで廃病院にいっていたし、ファミレスにもよったが彼のことはわからない。

ただ廃病院の帰りによったファミレスで、頼んでもいないハンバーグがきたので「あ、この席じゃないよ」といったのを覚えているという。

一滴もない

詳細を変更して記す話のひとつである。

二〇〇二年三月の深夜、車で帰宅した妻が真っ青になって震えていた。

いったいなにがあったのか、夫が聞くが答えない。

落ち着かせるため水を呑ませると、ぶつぶつなにかをつぶやきはじめた。

暗くてわからなくてだってあんなところ普通に通っただけなのに急にあんなふうにでてきたら絶対にわかるはずないじゃないない仕事帰りだから疲れていたし。

妙なことを口走るばかりだった。

「いったいどうしたんだ。しっかりしろよ。だいじょうぶか……おいッ！」

一喝すると、はっとした表情になり、夫の目をみて答えた。

「わ、私……人を轢き殺しちゃったの」

ガレージで車をチェックすると、ライトが割れてバンパーも破損していた。

「マジかよ……嘘だろ……」

夫は力が抜けて倒れそうになった。

しゃがみこんで車の下を確認してみる。なにかゴミのようなものがベッタリとくっついていた。腕を伸ばして手にとる。長い髪の毛がついた頭皮だった。

灯りで照らすと、大量の血液といくつかの肉片がみつかった。

「どうしよう、私、どうしよう」と妻は涙を流していた。

「現場にもどって警察を呼ぼう。相手は大怪我しているかもしれない」

すぐに通報して、ふたりで車に乗って轢いた場所へもどることにした。

「生きてるかな……私が動揺して逃げちゃったから、そのせいで死んじゃったらどうしよう。助けなきゃいけなかったのに。私、大変なことしちゃったよう」

運転をしながら夫は、泣きだした妻の手を握りしめていった。

「動揺していたんだから仕方ないよ。大丈夫、きっと生きてるよ」

頭皮は直径十センチ以上もあり、他にも血液が付着していた。

髪の長さから被害者は女性なのだろうが、生きているとは思えなかった。

現場は国道ではないが、片側二車線の道路だ。

割れたライトの破片が、あちこちに散らばっている。

「奥さん、ここらへんから人が飛びだしてきたんですよね?」

実況見分を進めるあいだ、警察官が色々と妻に尋ねてくる。

夫はずっと妻の肩を抱き「大丈夫だから、落ちついて」と彼女を励ました。

「はい。そうです。ここで間違いありません」

さっきと違いずいぶん落ち着いたようで、きちんと答えることができていた。

何人もの警察官が懐中電灯を持って、あたりをくまなく探している。

「飛びでてきたのが女性だったのは間違いないんですか?」

「いえ、一瞬だったので、はっきりとはわかりませんでした……すみません」

警察官はペンで頬を掻きながら「どうなってんだろ?」と首を傾げていた。

「どうしたんですか?」

妙なようすに気づいた夫が警察官に尋ねる。

「どういうことかわからないんですけど、被害者がどこにもいないんです」

「もう誰かが救急車を呼んで搬送されたとか？」

「それなら連絡がくるのでわかります。ここのことは伝えていますし」

「では現場はここではないと？」

「いいえ、みての通り破片が散乱していますし、ブレーキの跡がしっかりここにあるので、轢いちゃった位置は奥さんのいう通りだと思うんです」

夫も首を傾げながら「どうして飛びだしてきたんだろ」とつぶやく。

「そうなんですよ。ここって道路の真ん中に飛びでてくるには歩道のガードレールを越えなきゃならないし、越えても中央分離帯には防護柵があるから、渡れないんですよね。どうしてこんなところで道路にでたのかもわかりません」

「はあ……じゃあ、実は人間じゃなくて動物だったとか。鹿とか」

「この辺にでる動物は野良猫くらいなものでしょう。さすがに猫と人間を見間違えるのは難しいかと。そして旦那さんが持ってきた頭皮、調べてみなきゃわかりませんが、あれは多分、人間の髪の毛ですね」

「被害者はどこにいったんです？　ショックで大怪我のまま家に帰ったとか」

「それなら歩道に血痕が残るはずです。そして車にあれだけ血液や肉片がついていたら、この道路にもあるはずなんです。それが一切みつからない。いまみんなで探していますが、ここにも歩道にも一滴もない」

そんなことあるはずないんです、と警察官は考えこんでいた。

結局、被害者やその家族の届けがでるまで待つことになった。

数度の連絡と呼びだしはあったが、そのあとはなんの連絡もないまま、何年もの歳月が過ぎた。いつのころか、ふたりのあいだでは「なにかの動物を轢いたのを勘違いした」ということでおさまってしまった。

二〇一六年、偶然だろうが同じ道路で、妻はひき逃げにあって亡くなった。

犯人はまだ捕まっていない。

似てない

　Tさんは大学の食堂で昼食をとっていた。

　突然「ほら、あの人！　似てるじゃん！」と指さされた。

「わ、マジだ。めちゃ似てるじゃんか！」

「でしょ！　だからいったじゃん！　ってか私、記憶力すごくね？」

　すこしイラついたが我慢して「なに？」とかえすと、ふたりともTさんのむかいの席に座って「すっごく似てる人がいるの！」と続けた。

「昨日ね、友だちに送ってもらった写真の人にすっごく似てる人が、ウチのガッコの食堂にいるって私いったワケ。そしたらこの子、誰かわからんわ！　っていうから連れてきたカンジ！」

「そうそう！　友だちがＬＩＮＥで送ってきたのがね、えっと、ちょい待ちね」

普段、まったく女子と会話をしないTさんはドキドキしていた。

それをおくびにもださずに、落ちついた優しい笑顔を浮かべ「へえ……そうなんだ？　みせてくれるかい？」と余裕があるフリをしていた。

「なんかね、めっちゃカッコいい人がいて、ウチらのタイプでしょ？　って、その人の写真送ってきたの、そしたらマジタイプでヤッバ！　ってなって！」

「……マジですか」

ついにオレの時代がきたと、Tさんはさらに高揚した。

「あった！　これなんだけど、ほらみてみ！」

スマホをむけられたTさんは画面を凝視した。

可愛い顔をした男子が笑顔で写っているが、Tさんとは似ても似つかない。

「あ、この人じゃねえよ、調子のるなよ、オマ！　こっちだから！」

女子は、男子のうしろの柱に浮かびあがった顔を指さした。

バレない

格安家賃の条件は、このコタツを部屋に置いておくこと、だった。

北国ならまだしも、そこは大阪である。Hさんは夏に「勝手にやってもバレへんやろ」と片づけようとした。すると天井から男の低い声が聞こえてきた。

「ころすよ」

名前じゃない

まだ昭和のころ、L子さんがアルバイトをしていたケーキ屋の話である。

味も店構えも評判の良い店で、毎日たくさんのお客がきてくれた。

店長がすこし変わっている男だった。かっぷくがあり愛想がない容姿は、どちらかというと暴力団のようにみえる男でケーキ屋にはまったくみえない。

その店長は、店が終わるときホールケーキをいつも奥に持っていく。捨てているにしては綺麗に扱っているし、皿に盛っているので持って帰るワケでもないようだった。

L子さんは不思議に思っていたが、あるとき理由がわかった。

テイクアウトの手提げ袋がなくなったので店長にいうと「いま手が離せないから、店の奥の棚からとってきてくれ」といわれた。

あまり入ったことのない店の奥には、ずらりと大きな棚が並んでいた。

L子さんが手提げ袋を探していると「ふふっ」という笑い声。棚越しに奥をみると小さな坊主頭の男の子が段ボールの影に隠れて、こっちをみていた。

L子さんは驚いたが「あら。こんにちは。はじめまして」と挨拶をした。

男の子は「こんにちわー」と笑顔をつくる。

店長の子どもかな、と思いながら「私、L子よ。名前は?」と尋ねた。

「シンタコだよー」

「シンタ?　シンタっていうの?　シンタ可愛いね」

シンタはくすくすと笑い「サンキュー」とさらに奥の事務室に入っていった。


店を閉めているとき、店長にシンタのことを話す。

「息子さん、いたんですね。シンタくん。可愛い顔してますよね」

店長は帳簿を書いている手を止めて、

「……シンタ?　誰だそりゃ?　知らんぞ、そんな子」

「今日、奥で逢いましたよ。坊主頭の男の子」

店長はすこし考えて「リョウヘイか。リョウヘイに逢ったんだな」と納得したようだった。

「あれ？　シンタって名乗ってたけど、ウソつかれちゃったのかな？　リョウヘイくんっていうんですか」

「リョウヘイだ。シンタってなんだ？　ったく、アイツは仕方ないヤツだ」

しばらく黙ってまた帳簿を書いていたが、すぐに、

「わかった、シンタか！　あっはははっ」

大笑いしているので不思議そうにみていると、その視線に気づいた店長は、

「ちょっとこっちにきなさい」

そういってL子さんを奥の事務室に連れていった。

事務室は――事務室ではなかった。表札のように、ドアに「事務室」と掛かっていたのでL子さんがそう思っていただけだ。実際は四畳ほどのなにもない部屋があり、ぽつんと小さな仏壇があった。

「キミがみたのはあの子だろう？」

店長が指さす遺影はまぎれもなく、L子さんが逢った子どもだった。

「え？　どういうことですか？」

「リョウヘイはオレの子なんだよ。もう五年も前に死んでいる」

「死んでいる？　亡くなったんですか？　五年前に？」

「そうだ。事故でな。キミがみたのは、まあ、ゆうれいってことだな」

「ゆうれい……うそ」

「本当だ。怖がらなくていい。なにもしやしない。たまにでてくるんだ。夜中ときどき遊んでやるんだが、この前、あんまり店のなかを走りまわるものだから、いってやったんだ。死んだ子は静かにしてなさいって。そしたらアイツ、『シンタコ、シンタコー』ってふざけてたよ。バカなゆうれいだろ。まったく。毎晩ケーキまで供えてやってるのに、すこしは、しおらしくしろよ」

店長は嬉しそうに遺影をみて笑っていたという。

それからも、その子はときどき現れてはL子さんを笑わせて、優しい気持ちにしてくれた、という話だ。

お前も許さない

Y介さんが中学生のころの話である。

ラグビー部だった彼はその時期、腕を骨折していた。クラブ活動中、派手に転んだことが原因だ。勉強と見学ばかりで退屈な日々のなか、それは起こった。

その日、体育の授業中にみんなをみていた。

長距離のランニングだったので、自分のペースで校庭を何周も走っている。退屈のあまり大きなあくびがでそうだったが、隣にうるさい体育教師がいたので、それを押し殺していた。

「おら！　そこ、しゃべってるんじゃねえぞッ、ちゃんと走れッ」

(この人はいつも怒鳴ってるなあ)

Y介さんがそんなことを思っていると――。

I田さんという生徒が急に走るのを止めて、立ち止まった。

どうしたんだろう、そう思いながら彼をみていた。

校庭の隅、鉄棒が設置されている方向をじっとみているようだった。

I田さんはくるっと、きびすをかえしてこちらにむかって歩いてくる。

体育教師も彼に気づいたようだった。

「あ？　あれはI田だな。あいつどうした？　なんで、こっちにくるんだ」

なぜかY介さんに聞いてきた。

「さあ……どうしたんでしょう。へばったんじゃないですか」

I田さんは体育教師とY介さんに近づくと、

「先生……オレ、なんかオレ、もうダメみたいです」

息を切らせながら、悲痛な表情で訴えてくる。

「ダメってお前、運動苦手じゃねえだろ。今日は体調でも悪いのか？」

I田さんは「いえ、そうじゃなくて」とジャージのポケットに手を入れた。

「あいつは、もういっかい死んでもらわなきゃ……ダメなんです」

そういって、ナイフをとりだして刃をむけた。

驚いた体育教師は「ふわッ」と声をあげて、バランスを崩し尻もちをついた。

「I田。お前、どうしたんだ？」

Y介さんの言葉は届いてないらしく「殺されるからッ」と怒鳴り声をあげた。

その声を聞いて、走っていたみんなの足が止まった。

「○山ぁ！　ぶっ殺してやるッ！」

I田さんは奇声をあげながら、鉄棒のほうへと走っていった。

「うわぁ、ナイフだッ。逃げろッ。気をつけろッ」

「マジで？　マジで？　本物？　あれ本物かよッ」

「ヤバいヤバいヤバい、逃げろ逃げろ逃げろッ」

I田さんは鉄棒の前までいくと、宙にむかってナイフを振りまわしていた。

○山というのは、同じクラスだった生徒の名前である。
彼が自殺してしまったのは、いじめグループのせいだった。グループのリーダー格だった生徒は突然連絡がとれなくなり失踪。他の生徒たちは○山の呪いのせいで、彼になにか起こったのだとウワサしていた。

I田さんはそのグループに属していた。

倒れた○山さんを踏みつけ、笑っているのを何人もの生徒がみていたという。

I田さんは駆けつけた教師たちに押さえつけられ、その日以来学校にこなくなった。病院に入院しているとのことだった。

そのあとも、いじめグループに属していた者は次々と学校から去っていった。

その後もあの体育の時間のことは話題にあがった。

I田さんがおかしくなる前、みんなでランニングをしているとき、鉄棒の付近で黒い影がゆらゆらと立っていた――。

そういいだす生徒が何人かいた、という話である。

被害ではない

Cさんが廃墟にいったとき、壁一面に書かれていた手記である。

子どもは伸び伸びと育てなければならない。
自分の娘は誰より可愛くて私の宝物である。
人生で大切なのは良い仲間と良い家族を持つことだ。
買ってきたお菓子を娘が食べないのは、娘の口にあわないからだ。
自分は料理をするのが面倒くさいので適当につくるが問題ない。
子どもの発育が遅いのは各々のペースがあるから気にする必要はない。
自分は仕事をしながら子育てをきちんとしているので立派な人間である。
学校でいじめられたら友だちが悪いので、無理に登校させる必要はない。

子どもは好きな科目を伸ばして、嫌いな科目はやらなければよい。
いまの学校教育は間違えており、私は正しい。
親のせいで自信がない人間になったから、娘にはそうなって欲しくない。
娘が嫌いなものは躰にあわないものだから食べさせなくていい。
娘の寝起きが悪いのは躰が睡眠を必要としているから仕方がない。
娘はストレスを感じやすい繊細な子だから、できるだけ環境は整える。
私はこんなに頑張っているのだから夫は愚痴を聞くべきだ。
みんなの好物を、娘が無理に好物にする必要はない。
娘が自分はもっと美味しいものを知っていると教えてあげたのは優しさだ。
まわりがバカばっかりのせいで、私のいうことを理解できない。
私が娘に接するやり方を、まわりの人間が支えるべきだ。
宝物が娘なのだから、彼女が欲しがるものを惜しみなく買ってあげるべきだ。
優しさを与えれば必ず優しい子に育つのは当たり前だ。
私の娘を私が甘やかして育てることに誰からも文句をいわれる筋合いはない。
こんなに想っているのだから、娘やまわりもそれに応えるのが普通だ。

まわりも私と同じように娘に優しくするべきである。
娘ほど才能のある人間を私はみたことがない。
娘がぼそりと漏らす問題の解決法が天才的で誰よりも正しい。
私は自分のことを、自分の理想ではない姿としてみられるのが不快である。
娘が学校で友だちができないのは、まわりが歪んでいるからだ。
寂しい気持ちを持って育つと、寂しい大人になってしまうので防ぐべきだ。
私が娘と友だちなのだから問題はない。
娘が学校にいかなくなったのは、教師の対応が悪いからだ。
娘がピザばかり食べるのは必要な栄養素がピザに含まれているためだ。
夫がでていったのは、高プライドで認めて欲しいとばかり考えていたからだ。
私の親は子どものためと主張して、自分のことしか考えていなかったクズだ。
私は自分の人生をモデルにして、教育に活かしているから間違いない。
娘が私のことを無視するようになったのは反抗期だからだ。
エステにいっているあいだ、娘の管理をしてくれる人間がいないのは変だ。
たくさん寝ている娘はまだまだ育っている証拠だから誉めるべきだ。

娘が冷たくなっているのはアイスクリームを食べたからだ。
ピザ宅配人が震えているのは過労による自律神経の病気だからだ。
私が仕事を首になったのは、娘のニオイがうつったせいだが仕方がない。
近頃、娘に声をかけても返事がないのは、私の声が小さいためだ。
娘が上手く人生を歩めなかったのは、社会の被害者だからだ。
娘の躰から虫がでてくるのは、温暖化の影響と日本の政権のせい。
娘が首をがくがく動かしてげたげた笑うのわたしの幻覚ふぁんんたじあ。
いまもおかあさん、おかあさあんとしかいわないバケモノわたしたからもの。

風ではない

N緒さんは誕生日になると実家に帰るようにしている。
「ただいま」
声をかけても返事がない。
もうこの家には誰も住んでおらず、弟が仕事場に使っているだけだから。
その弟も最近は海外へ出張にいくことが多く、滅多にここには帰ってこない。
（さて、今年もありますかね……恒例のものは）
N緒さんはコートを脱いで、リビングの壁に掛けた。
仏間にいき、手を合わして「今年も帰ってきたよ」と挨拶をする。
そして廊下にでると、二階へあがる階段に足をかけた。
毎年、誕生日になると自分の部屋の窓際に花が一輪、そっと置かれている。子どものころに亡くなった父親が、お土産にくれた花、ガーベラ。N緒さんがいちばん好きな花だった。

いや、好きだったのは花ではなく父親だったのかもしれない。

若いときは母親がこっそり置いて、亡くなった父親が置いたようにみせていると思っていたけれど、その母親も既に他界している。

忙しくて、帰ってくるのが一年ぶりになってしまったが楽しみだった。

自分の部屋のドアを開ける。

実家の窓辺に届く、一輪のガーベラは今年もそっと置かれていた。

相容れない

Kさんが大学生のころなので、いまから二十年ほど前の話である。

あるとき、Kさんは友人と一緒に心霊スポットの廃病院にいくことになった。

「あのさ、霊感のあるヤツとかいないかな？　視えるやつとか一緒にいたら、どこに霊がいるとかわかって、なんか面白くなりそうじゃん。探してみてよ」

そんなことをいいだした友人に、Kさんは呆れてしまった。

「ゆうれい視える奴なんて、そうそういるわけ……あ、いたわ」

霊感があると自称していた中学の同級生、Aさんを思いだした。

「卒業名簿に番号があったから、家に帰ったら電話かけてみるけど……多分、断られるぞ。正直ほとんど、しゃべったこともないからな」

「前々から一度心霊スポットにいって、私のチカラを試してみたいと思っていたんですよねえ。嬉しいなあ。誘ってくれて、どうもありがとうございます」

意外にも、あっさりと了承を得ることができた。

「……そっか。じゃ、オレの車で迎えにいくから、よろしくな」

(ということはアイツとAと……三人でいくことになるのか)

心霊スポットのことよりも、なにを話したらいいのか不安になっていた。


いよいよ、その日がやってきた。

待ちあわせ場所は、目的地の近くのコンビニだった。Aさんと一緒に車のなかで友人が到着するのを待っていたが、Kさんは既に疲れていた。

ここにくるあいだAさんは運転しているKさんに気を使って、ずっと彼にお勧めのアニメの話をしたり、アニメの深い話をしたり、アニメ制作会社の裏事情らしき話をして盛りあげようとしてくれた。それはまだ続いている。

「つまり過去の作品のオマージュだったワケなのですねえ。ようするに……」

途中、Kさんは気づいていた。

（オレ、アニメの話題とこいつの趣味と、話し方が苦手なんだ……）

ふたつ目の缶珈琲を買いにいこうとしたとき、横にピンク色の車が停車した。

「おや。この車はいわゆる『イタ車』というやつですねえ。ほほう……」

「イタ車？　あれってイタリアの車なの？」

「イタ車とは痛い車のことで『痛車』と書きます。私的には（省略）ですね」

確かに車の側面には、萌えキャラの巨大なステッカーが貼られていた。

Aさんが車を「ふむ、ふむ」と凝視していると、助手席のドアが開いて友人が降りてきた。運転席のほうに歩いてくると「お待たせ。ん？　誰？　はじめまして」とAさんに会釈をする。

「誰じゃねえよ。お前が連れてこいっていったじゃん。ゆうれい視えるヤツ」

「いや、断られるみたいなことといってたから、オレも連れてきちゃったよ」

「はい？　そっちも、ゆうれい視えるヤツ？」

痛車の運転席のドアが開いて、友人が連れてきたBさんが姿を現した。

髪型も輪郭もファッションも、おそろしいほどAさんとそっくりだった。

「え？　双子？」

夜なのにサングラスをかけているBさんは、

「……ども。はじめまして……今日は……よろしくお願いします」

不敵な笑顔を浮かべ、Aさんとはまた違った雰囲気をかもしだしていた。

Aさんは助手席から降りて車を舐めまわすように眺め、Bさんに「これは杏乃監督の作品『エビルガリヲン』の星流寺奈央ちゃんですねえ。それもイベント限定で発売されたフィギュア、レースクィーンバージョン」とつぶやいた。

「……ほう……お詳しいですね……その通りです……」

どうやらAさんとBさんのふたりは、同じ星からきた同志のようだった。

Kさんたちは痛車を引きつれて廃病院にむかった。

車を停めると、事前に用意した地図を片手に山道を歩いていく。うしろではAさんとBさんが信じられないくらい息を切らせながら、ステッカーのアニメの話で盛りあがっていた。

友人が「おい」とKさんに小声で話しかけてくる。

「Aくん、見た目もしゃべり方も全部が怪しいけど、ホントに視えるの？」

「知らねえよ。Bくんも相当怪しいぞ。お前よくあんな車に乗れたな」

「だって車の免許ねえもん。迎えにきたとき、死ぬほど恥ずかしかった」

廃病院の前に到着すると、Kさんと友人は「うおっ」と声をだしてしまった。

暗闇にそびえ立つ病棟は夜風にざわめく草木に囲まれており、月がなければなにもみえなかっただろう。肝試しにきている者が他にもいると踏んでいたが、周囲にその気配はない。間違いなく自分たち四人しかいないことがわかった。

「やっと着いたな。それじゃあなかに入ろうか」

懐中電灯をかまえて唾を呑みこみ、うしろにいるAさんとBさんをみた。

「……あの……ちょっといいですか……すみません……」

Bさんが友人とKさんにむかって手をあげる。

「……私……ごめんなさい……無理です……入れません……」

Kさんと友人は「はい?」と耳を疑った。

「ここには……本当に……いますね……ゆうれい……窓のところ……」

「確かにいますねえ。病院の人ではありませんねえ。視えますか、Bさん」

「はい……あれは……祭服……ですか……」

「そうですね。どうやらこの病院はむかし神社だったご様子ですねえ」

「……怒っていますね……もう……ここにきただけで……お怒りです……」

「あそこまで殺意を持てるのが凄い。この病院で亡くなった人たちが祭服の男性にくっついているのでしょう。入ると死にますが、入りますか、Kさん？」

四人は廃病院に一歩も入らず、きた道をもどっていった。


待ちあわせをしたコンビニの駐車場で停車すると、一同は車を降りた。

「ここからBさんの車で送ってもらっても、よろしいですかねえ」

「ああ、どうぞどうぞ。じゃあ、お前こっち乗りなよ」

友人はそそくさとKさんの車のほうにまわった。

「私たちはアニメ談議に花を咲かせながら帰りますねえ。あと、ちょっと気をつけて帰ってください。なんだか妙な予感もしますし」

「怒った……人が……オレたちを……探して……ついてきている……」

「マジで？　ええ！」

「みつかる前にまっすぐ帰ることです。命は粗末にしちゃいけませんよお」

そういってAさんとBさんは、痛車に乗りこんで去っていった。

「なんか、すごかったな」

「うん。すっごい厨二だった。いるんだなホントに……」

ここで終われば笑い話なのだが、そのあとAさんとBさんが入院していることがわかった。帰っている最中、痛車で事故を起こしたのが原因、というオチだ。

誰もいない

Kさんが中学生のころの話である。

あたりが既に暗くなった午後八時ごろ、塾が終わり家路についた。

父親からもらったウォークマンを持っていたのでイヤホンをつけ、カセットテープを再生した。当時流行っていた曲をゆっくり聞きたかったので（ちょっと遠回りして帰ろう）と普段通らない道を選びながら帰っていた。一本道にでると、まわりの家からは夕食のいいにおいが漂ってきた。

道の先には、近所に住む主婦だろうか、女性ふたりが立ち話をしていた。

かなり盛りあがっているらしく、楽し気なようすだった。

なぜかKさんは妙な違和感に包まれた。

彼は目をあわさないように、うつむきながら進んで横を通りすぎる。一瞬、イヤホンからノイズが聴こえたような気がした。女性ふたりが会話をしながらも、目だけはKさんをみつめているように感じる。

なんとなく気になって振りかえると――ふたりの姿がない。

誰もいない一本道があるだけだ。

消えた？

（いやいや、そんなことあるワケない。あっちの方向に歩いていったんだろう）

背中に冷たいものを感じながら足早に角を曲がり、いつも通っている道までもどった。

たったこれだけの出来事が、最悪のはじまりだった。

笑っていない

Kさんの話の続きだが、希望により、ここからは詳細を変更させてもらう。

あれから一年ほどが経過した。

机にむかって受験勉強をしていると、小学生の弟がKさんの部屋にきて、

「ねえねえ、お兄ちゃん。ゆうれいっているの？」

可愛らしい質問を投げかけてきた。

歳は離れていたが、Kさんと弟はとても仲が良かった。

「さあ、いるのかなあ。どうなんだろな」

「学校でゆうれいの話、聞いたんだけど、どうなのかなあって思って」

「へえ。トイレの花子さんみたいな話か？」

「ううん、夜中に歩いていると、おんなのひとがついてくるんだって。それで明日ね、

学校のクラブのみんなで夜中、そのおんなの人を探してみようって」

「夜中はダメだろ。それに、みつけてどうするの？　捕まえるとか」

「みつけて……みつけて、どうするんだろ？」

「ゆうれい探すのはいいけど、遅くなったらお母さんに叱られるぞ」

「大丈夫、六時には帰るから」

六時より前はぜんぜん夜中じゃないだろう、と思いながら弟の頭をなでた。

「お兄ちゃん、おやすみ」

「はい、おやすみなさい。もう、すぐに寝るんだぞ」

しばらく受験勉強をしていると（……そういえば）と道でのことを思いだした。

まあ、なにか勘違いしたんだろうと、すぐに頭から振り払う。

明日は高校見学の日だったので、はやめに起きなければならない。そろそろ切りあげて休むことにした。


翌日の午後八時、騒ぎがはじまっていた。

弟が帰ってこないのだ。

午後九時になって父親と母親が捜しにいき、午後十時には警察に連絡した。Kさんも一緒に捜したがみつからない。母親が連絡をとった同級生によると放課後、数人で町中を探検したあと、弟は帰宅したはずだという。

騒ぎはより大きくなり、町内会の人たちまで駆りだされて捜索は続いた。その甲斐もなく、弟は二度と家に帰ってくることはなかった。

母親はふさぎ込み、ときおりKさんを責めた。捜索しているとき、前日の弟との会話を彼が話したからだ。

「あんたが止めたら、こんなことにならなかったのに。なぜ止めなかったの」

Kさん自身もそう思っていたし、自分自身を責めた。

母親とKさんとの関係は崩れてしまった。

誘拐、交通事故、家出、世間ではさまざまなウワサが飛び交った。いちばん濃厚だったのは川に落ちて流されたという説だったが、Kさんは信じたくなかった。

このことは新聞にも載り、ワイドショーのネタになった。何日かマスコミが「いまの気持ち」を聞くために、家の前で待ちかまえていたらしい。

母親は毎日のように情報提供を求めるチラシを配ってまわっていた。

休日は父親もそれを手伝った。

Kさんは食事を自分で作るようになり、流行りの音楽も聴かなくなった。

母親との会話もほとんどなくなってしまった。

それでも手掛かりになる情報がくることはなかった。

あの日、弟たちと一緒だったクラスメイトの何人かが、学校に置いたままの弟の荷物を持ってきてくれた。Kさんは彼らを家に招き入れ、お菓子とジュースでもてなした。捜索のヒントがあるかもしれないと、彼らの話を聞きたかったのだ。

クラスメイトたちによると弟は、ゆうれい探しの続きをしにいったのではないかと予想していることがわかった。

「そのゆうれいがでるってウワサは……川だったの?」

「ううん。道に立っているゆうれい。でもいま学校じゃあ、ゆうれいが追いかけたから、川のほうまで逃げたんじゃないかってみんな話して……ます」

申し訳なさそうに説明するクラスメイトの言葉が気になった。

そのゆうれいのことを知るのが、ヒントになるかもしれないと思ったのだ。みんなに

「遠慮はいらないから、どんなことでもいいから教えて」と頼みこんだ。

ゆうれいにかんして情報を得ることができた。各々が知っていることを聞きだしたため一貫性がないが、なにかに繋がるかもしれないとKさんはメモをとった。

なかにはKさん自身、身に覚えがある情報が紛れており寒気が走った。

ゆうれいは道に立っていて、気にいった人がくるのを待っている。

笑っているようにみえるけれど、本当は笑っているフリをしているだけ。

気に入った人が現れると、首を絞めて連れていってしまう。

年齢は普通の家庭の母親くらい、見た目は人間とまったく変わらない。

何年もそこにいて粘り強く、気にいった子どもが現れるのを待っている。

その子に逃げられた場合、その子の家族を狙いだす。

ゆうれいに目をつけられた人じゃないと逢えず、目をつけられたら逃がさない。

ひとりではなく、ふたりで立っており、普通の人間を装っている。


相手に逃げられにくい一本道で待ちかまえている。

言葉じゃない

月日は流れ、Kさんは社会人になっていた。

ある休日、実家にもどると父親が「お前に客がきたよ」とメモを渡す。

数日前、インターホンが鳴ったのででてみると青年が立っており、Kさんがいるか尋ねてきた。父親が会社の寮で暮らしていることを伝えると、もどってきたときでいいので連絡先を渡してくださいと、メモを残していったという。

メモにはYという名前と携帯の番号が書かれていた。

心当たりのない名前だったが、Kさんは部屋で電話をかけることにする。

途中、居間にいる母親がテレビにむかって座っているのがみえた。

「ただいま、母さん。久しぶり。元気してた？」

Kさんの声に、彼女はなんの反応も示さなかった。

母親はあれから数年のあいだは弟を捜す活動を続けていた。だがある日、もう弟がもどってこないのを理解したのか、糸が切れたように動かなくなった。いまでは父親が母親の面倒をみている。

久しぶりに入った自分の部屋で、メモに書かれた番号に電話をかけた。Yさんという人物は簡単な自己紹介をしたあと、Kさんに逢いたいといいだした。

「実は弟さんのことで、お話ししたいことがあるのですが」

待ちあわせた公園にやってきたYさんはKさんのひとつ歳下の男性だった。

体格がよく、現場仕事をしているらしい。

「実は仕事仲間から、行方不明になった弟さんのことを聞いたんです」

仕事仲間のひとりが、弟のクラスメイトだった。

両親がビラを配って子どもを捜していたことや、Kさんのことを話したのだ。

「ちょっとぞわぞわして、お兄さんに逢ってみようと思いまして」

「ぞわぞわ？　どういうことでしょうか？」

「実は弟さんのことを聞く理由になった話があって――」

Yさんが中学一年生のころの話だ。

ある夜、すこし遅くまで友人宅で遊んでいた。気がつけば遅い時間になっていたので、家に帰ることにする。

鼻歌を歌いながら歩いていると、気がつけば見知らぬ道を歩いていた。

その道の先におんながふたり立っているのがみえる。

Yさんは彼女たちになにか妙なものを感じた。

(あの人たち――なにか変だ)

そこは一本道で、街灯が等間隔に並んでいる。

たったそれだけのことが違和感の原因だとわかった。

(普通、立ち止まって話をするならば――街灯の真下で話さないだろうか)

ふたりはかなり暗い場所で話をしている。

せめて家の前ならまだわかるのだが、そこには塀しかなく不自然だった。

明るい声をだしているが、話の内容までは聞こえない。声量も大きいのか、小さいのかよくわからない。なにか意図的なようすにみえる。

うすら寒いものを感じて、素早く通りすぎることにした。

おんなたちに近づいたとき、自分の靴紐がほどけているのに気づいた。直さなきゃ、と反射的にしゃがみ込む。その位置から話し声と笑い声が聞こえた。

(この声は——言葉じゃない)

明るいようすだが、やはり普通ではなかった。ふたり同時に甲高い声で、

「カシャクシャカシャ、カシャクシャカシャ、カシャクシャカシャ……」

「カチャコキャケチャ、カチャコキャケチャ、カチャコキャケチャ……」

そして、あはははッと同時に笑う。同じ長さの笑い声をあげ終わるとまた、

「カシャクシャカシャ、カシャクシャカシャ、カシャクシャカシャ……」

「カチャコキャケチャ、カチャコキャケチャ、カチャコキャケチャ……」

あはははッ。

まるで話しているように、そして笑っているように——装っているのだ。

躰中が粟立ったYさんは靴紐を結び直して立ちあがると、きびすをかえした。

一歩歩いた瞬間、話し声がぴたりと止まった。

おそるおそる振りかえると、ふたりは頭を斜めに傾けて、こちらをみつめている。一

本道はしんッと静まりかえっていた。

Yさんが逃げようと再び振りかえった途端、足音がうしろから響いてきた。女性がふたり物凄い形相で片手を前にだして突進してくる。思わず悲鳴をあげたYさんは全速力で走った。ふたりとも女性とは思えないスピードだった。

指がYさんの肩にあたり、いまにも掴まれそうだった。

（捕まったら殺される！）

一本道をでて角を曲がった瞬間、勢いあまって転んでしまった。

慌ててうしろをみると、女性たちの姿はなかった。

陽が落ちはじめた公園でYさんはKさんに続けた。

「この話を仕事の休憩中に仲間にしたんです。むかし怖い思いしたことあるって。するとひとりがKさんの弟さんの話をはじめて——なにか関係あるかもしれないって、逢って話そうと思ったんです」

聞き終わったKさんは真っ青になっていた。

Yさんが遭遇したふたり組は、自分がみた女性たちとそっくりだ。

しかし、それでも弟の件と関係している根拠や証拠があるわけではない。

「どう思われます？　子どもたちがウワサしていたゆうれいだと思いますか？」

Yさんにそう尋ねられた。

そのふたりがゆうれいだという確証は話のなかに存在しない。ただの異常者だった可能性もあるし、犯罪に巻き込もうとしていた可能性も捨てきれないのだ。

「いや……わかりません。あなたはどう思いますか？」

「ぼくは……ゆうれいかどうかはわかりませんが、すくなくとも人間だったとは思えません。だって角を曲がって転んだときに、すぐにわかったんですが――」

そこに一本道なんてなかったんです。


夜になって、Kさんは一本道を探していた。

ひとつひとつの行動をゆっくりと思いだして――記憶を辿っていけば、あの道をみつけることができるかもしれない。

（ここが通っていた塾で――確かこの辺でイヤホンを耳に入れたはずだ）

怖い思いをしてもいい、なんとかあの道を探しだしたかった。

（いつもの帰り道——ここまでは必ず同じ。この辺を曲がったんじゃないかな）

もしかしたらあの道には、まだあのふたりがいるかもしれない。

だが、それでもかまわなかった。弟もそこにいるような気がするからだ。

（そして、ここはこっちに進んで、そして、そして——）

どうしてもその先、どう進んだのか思いだすことができない。

情けなくなって涙が溢れてくる。

「どうして思いだせないんだよ……もしも思いだせたら……ちくしょう」

ずっとKさんは「もしも」という考えが頭から消えなかった。

もしもあのとき、普通の道で塾から帰っていたら、こんなことにならなかったかもしれない。

もしも母親がいうように、あのとき弟を止めていたら——。

もしもあのとき、弟をみつけることができたら——。

もしもいまも弟がどこかで元気でいてくれたなら——。

失った日々を悔やんでも大切なものはもどってこない。

それでも「もしも」という考えを捨てることができないのは、諦めることができないからだ。

肩を落としながら実家にもどると、玄関の前に母親が立っていた。

「母さん、どうしたの？」

母親はKさんの顔をみると、小さな声で「おかえり」と微かにほほ笑んだ。

日本では毎年、何万人もの行方不明者がでている。多いように思えるが、たいてい数カ月のうちに所在確認されるものだ。ただ発見できない人のうち、数百人は子どもである。この数字にはたくさんの家族の悲しみが存在している。

そして、いまこの瞬間にも消えている。

愛を知らない

N谷さんは若いころ、変な同居をしたことがある。

千葉にあるIさんの家は古い平屋だったが、おそらく彼の家ではなく、空き家を勝手に自分のものにしているとN谷さんはわかっていた。

Iさんは N谷さんが逢ったことのないタイプの人間だった。

自分で切った不揃いの髪を金髪に染めて、いつもニヤニヤ笑っていた。

「何度か聞くと、パチンコの天才だからギャンブルで生きてきた、といっていました。うそですね、多分。なにか犯罪じみたことをやっていたと思います」

酒を呑んではケンカをするので、よく血まみれになって帰ってきた。

ようするに見た目も性格も滅茶苦茶な人間だったのだ。

どうして彼と一緒に住むようになったんですか？　と私は尋ねた。

「酔っぱらっていたんでしょうね。あの夜、私も」

きっかけは、呑めないのにヤケ酒をして泥酔したことだった。

当時、通っていた大学を勝手に辞めて、親に縁を切られ、アパートも追いだされたN谷さんは自暴自棄になっていた。居酒屋で酔っぱらっているときに横に座っていたのがIさんだった。

「どんな話でそうなったのか、正直、覚えていません。ウチにきてもいいみたいな流れになったんでしょう。いま考えても彼が人助けみたいなことをした理由はわかりません。なにを考えているのか、ぜんぜん読めない人でしたから」


気がつけばIさんの家の畳で眠っており、昼すぎに蹴り起こされた。

酷い二日酔いで頭が痛い。呻き声をだしながら躰を起こすと、

「オレは仕事いってくる。夜帰るから、なんかメシでも作っとけ。ふへヘッ」

顔に千円札を数枚、投げつけられた。

夕方になってスーパーを探して買い物をすませる。ゴミだらけの台所で炊飯器をみつけたが、他には包丁とフライパンくらいしかなかった。なんとかカレーライスを作った

が、Iさんは帰ってこなかった。

翌朝になって起きると、Iさんが目の前に座っている。みたこともないほど汚い食べかたで、カレーライスをほおばっていた。

「お前さあ。次、甘口作ったら殺すからな。ふへへッ」

「ああ。すみません……昨日、どこにいっていたんですか?」

Iさんは質問には答えず乱暴に皿を置くと、缶のジュースをゴクゴクと呑みながら部屋の端を指さした。そこには未開封の布団セットが置かれていた。

「あれ、お前の布団な。今日もメシを作っておけよ。さぼったら殺すからな」

そういってまた何枚かの千円札を顔に投げつけ「ふへへッ」と笑った。


Iさんはたいてい昼すぎまで寝て、起きるとすぐに外出する。どこにいっているかはわからないが、真夜中に帰ってくるとかなり酔っぱらっており、N谷さんを無意味に殴る。必ず毎日、日用品やTシャツなどN谷さんの物を持って帰ってくる。自分のことはいつも「パチンコの天才だから」としかいわない。血まみれで帰ってきたときは、N谷さんが消毒薬を塗る。傷はどうみても、誰かに暴力を受けたもの。物をよく投げて壊す。

どこで手に入れたのかわからないお金は、いつも顔に投げつけてくる。

なぜかふたりは特に会話を交わさなかったという。


この生活が三カ月ほど続いたある夜のこと。

Iさんが「帰ったぞう！」と玄関から声をかけてきた。

珍しいなと思いながらN谷さんが出迎えにいくと、また血だらけになって帰ってきた。

それは特に珍しくなかったのだが、いつもと違ったのはうしろに少女を連れていたことだ。

「おい、今日はコイツに布団貸してやれ。風呂もどこか教えてやれ。ふへへッ」

「この子、誰ですか？」
十五、六歳だろうか、少女はうつむき、なにもいわなかった。
「コイツさ、ゆうれいが視えるんだぜ。マジで。スゲー嘘くせえだろ」

N谷さんはいわれた通り、タオルを渡して少女に風呂の場所を教えた。

「あの子、どうしたんですか？　親は？」

「ふへヘッ、地獄？　クソ親だったんじゃね？　今日からここに住ませてやれ」

「え？　大丈夫なんですか？　未成年でしょ？　ヤバくないですか？」

「厭なら勝手にでていくだろ。あ、占いが得意らしいぞ。占ってもらえば」

その日から三人で暮らすことになった。


少女は名前を名乗らなかった。

N谷さんも聞かなかったし、Iさんも興味がないようだった。ただ、やはりすこし気にかけていたのか、Iさんは午後十時には家に帰宅するようになった。

少女はひと言も言葉を発さず、常に無表情だった。いつの間にか起きて、昼間は縁側に座って空をみつめ、N谷さんが作ったものを食べて、いつの間にか寝る。Iさんが酔って、N谷さんに意味のない暴力を振るっているときも、興味がなさそうに、ぼうっとしていた。

ときどき、急に部屋の隅に目をむけ、壁伝いに視線を動かしたりする。N谷さんは「霊がいるの?」と声をかけるが、やはりなんの反応もなかった。

ある夜、Iさんが「ふへへっ。これみろよ」と牛肉を持って帰ってきた。

「焼肉でも喰おうぜ。オメー、焼け」と嬉しそうだ。

「ああ、フライパンで良ければ。でも塩と醤油しかないですよ」

「バカ、塩がいちばん美味いんだよ。カセットコンロあっただろ。準備しろ」

N谷さんが焼肉の準備のため、台所と居間を行き来していると、

「ふへへっ。おい、アレみてみろよ」

Iさんにいわれて目をやると、少女が縁側で、庭のほうをむいて座っている。

長い雑草のあいだを縫うように、小さなひかりがフワフワと浮いていた。

「なんですか？　ホタルですか？」

「チゲーよ、バカ。霊だよ、霊。案外、あいつの死んだ家族じゃねえの？」

暗くしてみようぜ、と居間の電灯を消す。

ひかりは全部で四つあった。まるでシャボン玉のように風に揺られて、上下左右に移動している。座っている少女に近づき、離れ、浮きあがり、庭で遊んでいる子犬のようだった。

「家族、死んじゃったんですか？　どうして？」

「知らね。孤児だよ。オレと同じで。だからシュウキョーにいたんだろうな」

「宗教？　宗教団体から連れてきたんですか？」

「そうだよ。他にも同じようなガキがいっぱいいたぜ。ふへへッ」

背中をむけているので、少女がどんな表情をしているのかわからない。

喜んでいたのか、それとも悲しんでいたのか。


夏になると、Iさんはほとんど仕事にいかなくなった。

なぜかお金だけはたくさんあったようで、毎日一万円を投げつけてくるようになった。

外ではアブラゼミがけたたましく鳴いている。エアコンがない家だったので三人とも汗だくだった。

「あっついなあ、クソが。マジで太陽、ムカつくぜ」

Iさんは縁側で寝転がりながら、うちわを片手に文句をいっている。

「冷やしそうめんでも作りましょうか？　氷もありますし」

「おう、キンキンに冷やしとけよ。ぬるかったら、ぶっ殺してやるかんな」

立ちあがったN谷さんは、すっかり綺麗になった台所に移動した。

鍋に水を入れていると、少女がうしろに立つ。

「ホント暑いね。すぐ冷やしそうめん作るから、ちょっと待っててね」

するとと少女の眉がすこしあがり、表情のようなものがうかがえた。

「……もしかして、冷やしそうめん好きなの？」

N谷さんが聞くと、コクリとうなずく。

このころ、少女はすこしずつ変わってきていた。

掃除をしていると黙って手伝い、朝になると生ごみをだし、IさんとN谷さんの服も洗濯をしてくれて、テレビを観ていると横に座って並んだりしていた。表情だけは相変わらず、うすかったが、そのうち笑ってくれるかもしれないとN谷さんは期待していた。

N谷さんは冷蔵庫から青ネギをだすと「ごめん、これ切ってくれる？」と頼んだ。手伝いたかったのか、少女はまな板の前にきて青ネギを切りはじめた。

心地よい包丁の音をだしていたが、ふと動きを止め、うしろを振りかえった。

「どした？」とN谷さんは少女の視線の先を追った。

妙な気配とともにまわりの温度が、急激に下がっていくのがわかる。

台所の床の廊下がぎし、ぎし、ぎしと音を立て、微かにへこんでいた。

目にはみえない、なにかが歩いている。

それはまっすぐ——コンロの前にいるN谷さんにむかって近づいていた。

顔を引きつらせていると、少女が棚に手を伸ばす。塩が入った袋に手を突っ込むと、そこにむかって投げつけた。

塩は空中でぱんッと弾け、台所の床にぱらぱらと飛び散った。

音が止まり、気配も消える。

「な、なんかきたよね、いま……もう大丈夫なの？」

少女がうなずいたので安堵の息が漏れた。

「怖かったけど、ちょっとヒンヤリが涼しくて気持ち良かったかも」

そういうと彼女は横をむいて顔を隠した。

このとき少女は笑ったのを隠していたとN谷さんは信じている。


妙な同居生活はもう一年近く続いていた。

夏の終わりは庭でバーベキューと花火を楽しむ。秋の月見でN谷さんはIさんに無理やり呑まされベロベロに酔っぱらった。冬になると三人で大きな雪だるまを作った。春には遠出をして花見にいき、舞い散るさくらに見惚れてしまった。